Rob Parsons

Der kleine Familienratgeber

Sie müssen nicht viel wissen,
nur das Richtige.

Text copyright © 2010 Rob Parsons.
Die englische Originalausgabe erschien unter dem Titel
The Sixty Minute Family bei Lion Hudson plc,
Oxford, England, © Lion Hudson plc 2010.

© 2011 Brunnen Verlag Gießen
www.brunnen-verlag.de
Umschlagmotive: Photocase/MissX; Shutterstock
Umschlaggestaltung: Sabine Schweda
Satz: DTP Brunnen
Herstellung: CPI – Ebner & Spiegel, Ulm
ISBN 978-3-7655-4111-7

Inhalt

Das Wartezimmer	5
Lebensweisheit eins: Zeit finden für die Familie	11
Lebensweisheit zwei: Sich Zeit nehmen zum Gespräch	23
Lebensweisheit drei: Die Kraft der Ermutigung entdecken	32
Lebensweisheit vier: Entscheiden, *wie* ich erziehen will	43
Lebensweisheit fünf: So sehr lieben, dass man loslassen kann	63
Lebensweisheit sechs: Konflikte gut bewältigen	75
Lebensweisheit sieben: Die Magie von Traditionen erfahren	86
Lebensweisheit acht: Lieben lernen im Januar	96
Lebensweisheit neun: Den Schatz der Verwandtschaft entdecken	109
Lebensweisheit zehn: Den Augenblick nutzen	127
Nachwort	137

Das Wartezimmer

Es ist Mitternacht. Ich bin im Wartezimmer des nächstgelegenen Krankenhauses. Ich habe einen Nachbarn hergebracht, der gestürzt war. Und jetzt sitze ich hier seit über vier Stunden auf Plastikstühlen, die mit dem einzigen Ziel konstruiert zu sein scheinen, so viel Unbehagen wie möglich für so viele Körperteile wie möglich zu erzeugen.

Ich stehe auf, strecke meine Beine durch und schlendere zum Kaffeeautomaten rüber. Dort ist eine junge Frau von vielleicht 24 Jahren. Sie ist offensichtlich aufgewühlt und lässt die Münzen fallen, mit denen sie versucht, die Maschine zu füttern. Ich schlage ihr vor, sich zu setzen, sammle das Geld auf und bringe ihr den Kaffee.

Wir beginnen uns zu unterhalten. Ihr Vater sei sehr krank, erzählt sie mir, und es sei nicht sicher, dass er die Nacht durchsteht. Wir nippen an unseren Getränken, und ich bitte sie, mir etwas über ihn zu erzählen.

Sie wischt eine Träne aus ihrem Gesicht, lächelt und sagt: „Meine Eltern waren genial – unser Familienleben war wundervoll. Ich wusste nicht, wie gut es war, bis ich ans College ging und hörte, wie meine Freunde über ihre Familien redeten. Nicht, dass wir uns nie gestritten hätten. Das haben wir, nicht zu knapp! Wir waren alle so unterschiedlich. Ich war die Rebellische. Ich habe zwei Schwestern und einen Bruder. Manchmal fehlte nicht mehr viel, und wir wären aufeinander losgegangen. Aber wir lachten

viel und wussten im Grunde immer, dass wir füreinander
da wären, wenn es drauf ankäme."

„Hört sich wirklich nach einer tollen Familie an", sage
ich.

Sie nickt. „Papa kam aus kleinen Verhältnissen, aber
er war beruflich sehr erfolgreich. Es war sogar so, dass
die Ehe meiner Eltern in den ersten Jahren beinahe daran
zerbrochen wäre, weil er so viele Stunden im Büro ver-
brachte. Aber dann veränderte er sich. Er arbeitete immer
noch hart, aber im Unterschied zu vorher war er immer
da, wenn wir ihn brauchten. Ich hatte eine Theaterauf-
führung in der Schule und sah plötzlich, dass er sich hi-
neingeschlichen hatte. Manchmal kam er ein bisschen zu
spät, aber er konnte es gar nicht leiden, irgendetwas von
uns Kindern zu verpassen. Mit den Fußballspielen meines
Bruders war es das Gleiche. Nachdem er und Mama die
schwierige Zeit hinter sich hatten, hat er, glaube ich, andere Prioritäten gesetzt."

„Lebt Ihre Mutter noch?", frage ich.

„Ja", sagt sie. „Sie ist jetzt bei ihm …"

„Erzählen Sie mir bitte mehr …", sage ich.

Es war schon nach zwei Uhr morgens, als wir aufhörten
zu reden. Und die ganze Zeit war es um ihr Familienleben
gegangen. Sie erzählte mir von Ferien und Weihnachts-
tagen, von guten und weniger guten Zeiten und auch von
Konflikten, die schließlich in einer tränenreichen Vergebung gelöst wurden. Sie sprach von lustigen Dingen,
die sie getan hatten – wie damals, als sie sich eine ganze Woche lang alle mit Namen aus dem *Dschungelbuch*

angesprochen hatten. Sie sagte: „Nur, dass wir schon alle Teenager waren!"

„Meine Mutter hat immer denselben Satz gesagt, wenn wir etwas Lustiges, Albernes oder sogar Gefährliches zusammen gemacht hatten (zum Beispiel als wir uns gegenseitig abseilten und meine Schwester kopfüber hängen blieb). Sogar dann, wenn wir eine schwere Zeit durchmachten. Sie sagte immer: ‚Das wird eine besondere Erinnerung bleiben.'"

Sie schluckte heftig und ich sagte: „Davon haben Sie viele, nicht wahr?"

„Ja", sagte sie. „Hunderte." Sie lächelte. „Ich gehe jetzt besser zu meinem Vater. Danke für das Gespräch. Hat mir sehr geholfen."

Egal, ob wir etwas Lustiges oder etwas Gefährliches oder Trauriges erlebt hatten – meine Mutter sagte stets: „Das wird eine besondere Erinnerung bleiben."

Ich verließ das Krankenhaus schließlich um 9 Uhr morgens. Als ich zu meinem Auto ging, sah ich ein junges Paar auf dem Parkplatz neben meinem. Sie luden behutsam ein offensichtlich gerade neugeborenes Kind in ihren Wagen, außerdem mehrere Blumensträuße. Ich rief: „Herzlichen Glückwunsch!" Der Vater lächelte mich an.

Während ich nach Hause fuhr, gingen mir diese Begegnungen durch den Kopf: die junge Frau am Kaffeeautomaten und die frisch gebackenen Eltern. Und ich dachte: Wenn ihr Vater doch etwas von seiner Lebensweisheit diesen jungen Eltern hätte mitgeben können, die jetzt vor der Aufgabe standen, ein Familienleben zu gestalten. Es war, als könne ich den älteren Mann fast hören, wie er davon

sprach, was ein gutes Familienleben ausmacht: Zeit füreinander zu haben (oder sich freizuschaufeln), miteinander zu lachen (ungemein wichtig mit enormen Auswirkungen), die Kunst, so miteinander umzugehen, dass jedem
Konflikt die Vergebung folgt, und schließlich einen Vorrat
bleibender Erinnerungen zu schaffen.

Mehr als zwanzig Jahre lang habe ich inzwischen überall in der Welt mit Menschen gesprochen, die mir ihre
Familiengeschichte erzählt haben. Von Moskau bis Mel-
bourne, von Durban bis Doncaster haben mir Menschen
Einblick gewährt in das, was ihre Familie stark gemacht
hat – manchmal auch, was sie zerstört hat.

Inzwischen sind meine eigenen Kinder so weit, dass sie
selbst Familien gründen. Wenn sie mich fragen würden
(ein großes Wenn!) – was würde ich ihnen dann gern sagen? Vielleicht würde ich davon sprechen, was ich heute
gern anders gemacht hätte – was ich damals für richtig
hielt und was sich als falsch herausstellte. Aber es wären
nicht nur meine eigenen Erfahrungen, über die ich sprechen würde. Es wären die gesammelten Erfahrungen meiner Gesprächspartner in der ganzen Welt in all den Jahren – die Erkenntnisse von Menschen, von denen ich nicht
selten auch den Satz hörte: „Ich wünschte, ich hätte das
früher gewusst." Ob nun meine Kinder mich je fragen
oder jemals lesen, was ich hier schreibe, und im Bewusstsein dessen, dass jemand anders sicher ganz andere Punkte
als entscheidend nennen würde – hier ist meine Liste der
zehn wichtigsten Lebensweisheiten, wenn es darum geht,
ein gutes und bereicherndes Familienleben zu gestalten.

Dieses Buch ist kurz gefasst – geübte Leser werden

kaum mehr als eine Stunde brauchen, um es zu lesen. Eine Stunde? Kann man denn irgendetwas, das einigermaßen Substanz hat, in weniger als 4000 Sekunden Lesezeit darstellen? Na ja, *etwas* kann man jedenfalls sagen. Und das zumindest weiß ich: Egal, wie Ihre Familie aussieht – ob klassische Familie, alleinerziehend, Patchworkfamilie … – dieses Buch, auch wenn es kurz ist, enthält Dinge, die das Potenzial haben, Ihre Familie stark zu machen; vielleicht sogar, sie vor dem Auseinanderbrechen zu bewahren. Ich kenne etliche Beispiele dafür, dass Dinge sich zum Besseren verändert haben, wo Menschen sich entschlossen, auch nur einen der Hinweise umzusetzen, die ich in diesem Buch gebe.

Wenn Ihr Familienleben nichts zu wünschen übrig lässt – vielleicht finden Sie etwas in diesem Buch, das es noch großartiger macht. Vielleicht haben Sie aber auch gerade raue Zeiten durchzustehen. Ich begegne in meiner Beratungsarbeit so viel trauriger Realität, dass ich ganz sicher nicht glaube, dass es immer einfache Antworten gibt, wenn Familien in Schwierigkeiten geraten. Aber ich hoffe, Sie werden in irgendeinem Punkt etwas Hilfreiches für Ihre Situation finden – und sei es nur die Erkenntnis: Andere haben ähnliche Probleme.

Egal, wie Ihre Familie aussieht – dieses Buch enthält Dinge, die das Potenzial haben, Ihre Familie stark zu machen.

Wo sollen wir starten? Ich beginne mit einer Erkenntnis aus dem Gespräch mit der jungen Frau. Ihr Vater hat sie noch rechtzeitig entdeckt und beherzigt. Sie mag einfach klingen, aber sie ist entscheidend. Sie können in materieller Hinsicht noch so gut für Ihre Familie sorgen, wenn Sie diese Lektion vernachlässigen, werden Sie es schwer haben, einen starken Familienzusammenhalt aufzubauen. Denn in vieler Hinsicht beruht ein Erfolg in den anderen Bereichen, über die wir noch sprechen werden, darauf, dass Sie in diesem ersten Punkt erfolgreich sind.

Lebensweisheit eins

Zeit finden für die Familie

Ich habe mir immer zuerst einen Jungen gewünscht. Ich war überzeugt, unser erstes Kind würde ein Junge werden. Meine Frau Dianne hatte einen Kaiserschnitt. In jenen fernen Tagen war es noch nicht üblich, dass Väter vor dem OP flanierten, ganz zu schweigen davon, dass man sie verkleidete und ihnen gestattet hätte, dem Chirurgen mit hilfreichen Tipps zur Seite zu stehen. Ich wartete also auf einem Krankenhausflur, bis schließlich eine Schwester erschien und mir mitteilte: „Sie haben eine wunderbare kleine Tochter."

Ich lächelte, aber innerlich sank mir das Herz. Und dann schoben sie meine Tochter Cathie in einem kleinen Bettchen heraus, und plötzlich trat eine weitere Frau in mein Leben und ich verliebte mich noch einmal unsterblich. In diesem Moment wusste ich, dass ich für alle Zeit verzaubert war. Ich hatte eine Familie. Ich würde mich um diese Familie sorgen, ich würde für sie sorgen und falls nötig, würde ich mein Leben für sie geben.

Warum also war es so schwer, ihr auch *meine Zeit* zu geben?

Prioritäten

Während ich diese Zeilen schreibe, hat ein bemerkenswerter Pilot gerade ein Passagierflugzeug auf dem Hud-

LEBENSWEISHEIT EINS

son River notgelandet. Dank seiner Professionalität gab es keine Verletzten, aber während der Operation war sich keiner der Passagiere sicher, dass er mit dem Leben davonkommen würde. Und weil sie nicht wussten, wie es ausgehen würde, taten sie, was Menschen tun, wenn sie glauben, sie werden bald sterben: Sie nutzten die verbleibende Zeit, um ihren Angehörigen zu sagen, wie viel sie ihnen bedeuten. Eine Frau hat ihre Geschichte erzählt, aber es ist ebenso gut die Geschichte vieler anderer. „Sobald ich wusste, dass wir in Schwierigkeiten waren", berichtete sie, „habe ich meine Familie angerufen und ihr gesagt, wie sehr ich sie liebe."

Hier ist also das Dilemma: Wenn unsere Familie uns so wichtig ist, warum gelingt es uns dann so oft nicht, den Menschen, die wir lieben, unsere Zeit zu schenken?

Um eine Antwort zu finden, versetzen wir uns noch einmal in die Lage der Passagiere dieses Flugzeugs, das mit rasender Geschwindigkeit auf den Hudson River zusteuert. Sie waren überzeugt, dass ihre Zeit begrenzt war, dass ihnen vielleicht nur noch ein paar Minuten blieben. Unter diesen Umständen mussten sie entscheiden, wie sie diese Zeit nutzen wollten. Sie mussten sich fragen: Was ist am wichtigsten? Was sind meine Prioritäten?

Sie hätten auch Klienten oder Kunden anrufen können oder die Autowerkstatt, in der das Auto gerade repariert wurde. Oder einen Kollegen, mit dem noch der letzte Schliff für die anstehende Präsentation zu besprechen war. Aber das taten sie nicht. Sie taten, was Menschen auf der ganzen Welt tun, wenn sie glauben, dass die Zeit begrenzt ist: Sie entschieden sich, diese Zeit ihrer Familie zu schenken.

ZEIT FINDEN FÜR DIE FAMILIE

„Aber das ist eine Ausnahmesituation", werden Sie sagen. „Jeder würde an seine Familie denken, wenn die Zeit begrenzt ist." Aber die Wahrheit ist: Unsere Zeit ist begrenzt – wir machen es uns nur nicht klar.

Familien, die keine Zeit füreinander haben, tun das ja nicht bewusst. Aber das Leben geht einfach so dahin, ein Tag nach dem anderen, und weil es immer ein Morgen gibt, scheint das Problem nie wirklich wichtig. Die Passagiere in diesem Flugzeug glaubten, dass es für sie kein Morgen mehr geben würde, aber in unserem normalen Leben glauben wir das Gegenteil: dass es morgen ja auch noch Zeit gibt.

Unser Kind sagt: „Papa, können wir jetzt das Baumhaus bauen? Du hast es mir versprochen." Und wir antworten: „Jetzt nicht. Später." Das Problem ist nur: Eines Tages, wenn wir dann Zeit haben, das

Wenn die Zeit begrenzt ist, fällt es uns leicht, unsere Prioritäten zu ordnen. Aber die Wahrheit ist: Unsere Zeit ist begrenzt – wir machen es uns nur nicht klar.

Baumhaus zu zimmern, hat unser Kind andere Pläne. Vielleicht ist es schon ein Teenager und möchte nicht im Umkreis von zehn Kilometern in unserer Nähe gesehen werden. Das ist tragisch! In dem Moment, in dem wir endlich Zeit für unsere Kinder haben, haben sie gelernt zu sagen: „Gute Idee, Paps. Aber macht's dir was aus, wenn wir das später machen?"

Als mein Sohn Lloyd klein war, kam er oft morgens um halb acht ins Bad, wenn ich mich gerade rasierte. „Erzähl mir eine Geschichte, Dad." Das war oft das Letzte, wonach mir gerade zumute war – mein Kopf war schon weit weg bei all den Dingen, die ich am Tag erledigen wollte. Aber meist fiel mir doch noch eine kleine Geschichte ein – wie die von dem Schultyrannen, der sich versehentlich mit dem Karate-Experten anlegte.

Woche für Woche habe ich diese Geschichten erzählt, schließlich über Jahre. Eines Morgens packte ich meinen Rasierer weg, und mir fiel auf, dass Lloyd heute gar nicht gekommen war. Ich rief nach unten: „Hey, Lloyd, soll ich dir noch schnell eine Geschichte erzählen?" Er rief zurück: „Nein, danke, Dad – ich spiele mit Kate. Erzähl mir morgen wieder eine." Ja, ich habe Lloyd noch oft Geschichten erzählt – aber nie mehr beim Rasieren. Ich wünschte, er hätte mir an jenem kalten Novembermorgen gesagt, dass es das letzte Mal sein würde, dass wir dieses Ritual beginnen – ich hätte die Gelegenheit besser genutzt.

Aber keine Sorge: Sie müssen jetzt keine Schuldgefühle kriegen. Wir müssen in der wirklichen Welt leben. Es wird Abende geben, an denen wir einfach zu müde sind, und es ist ganz in Ordnung, wenn wir beim Vorlesen ein paar Seiten überschlagen. (Das Problem ist nur, dass die Kinder sich nicht austricksen lassen. „He, Dad", protestiert meine Tochter, „du hast 49 Seiten ausgelassen.") Aber es kann auch nicht schaden, sich sehr bewusst zu machen, wie schnell die Türen der Kindheit sich schließen.

Die Kindheit unserer Kinder dauert nicht ewig. Bestimmte Dinge kann man deshalb nur jetzt tun.

In den letzten zwanzig Jahren habe ich mit Tausenden von Menschen über ihr Arbeitsleben gesprochen. Manche hatten beachtliche Erfolge erzielt – mehr, als sie je selbst gedacht hätten. Aber in vielen Geschichten wurde auch mehr als deutlich, dass sie einen enormen Preis dafür gezahlt hatten. Manche sagten kurz vor dem Ruhestand: „Ja, das habe ich alles erreicht, aber wo ist mein Leben dabei geblieben?"

Die Wahrheit ist: Ob Sie in einer Bank arbeiten, ob Sie Ärztin sind oder Feuerwehrmann – das Leben ist hektisch. Wir müssen Brot auf dem Tisch haben. Wir können nicht immer so viel Zeit für die Familie einsetzen, wie wir gern wollten. Trotzdem: Wenn Sie eine Chance haben wollen, ihr wenigstens so viel Zeit wie möglich zu widmen, sollten Sie sich mit einigen „Zeitmythen" auseinandersetzen.

Mythos Nummer eins:
Es ist alles eine Frage der Organisation

Immer wieder kann man es in der Presse lesen: Da sagen Leute, die Anforderungen von Beruf und Familie in Einklang zu bringen sei einfach eine Frage guter Organisation. Diese Leute, so scheint es, sind in der Lage, einen anspruchsvollen Job zu machen, in verschiedensten Gremien mitzuarbeiten, sich sozial zu engagieren, ihren Kindern abends Geschichten vorzulesen, und außerdem noch Menüs zu zaubern, die Jamie Oliver vor Neid erblassen lassen.

Aber es ist nicht nur eine Frage der Organisation. Die Wahrheit ist: Mit jeder Entscheidung darüber, wie wir unsere Zeit verbringen, schließen wir eine andere Möglichkeit aus, die wir auch hätten wählen können. Das alte

Sprichwort stimmt: „Wenn du dies tust, musst du das lassen." Oder ganz schlicht: Die Idee, wir könnten alles haben und alles tun, ist eine Illusion. Supermama und Superpapa gibt es nicht. Sie können Ihre Unterwäsche über der Hose tragen – aber Sie können trotzdem nicht fliegen.

Mythos Nummer zwei:
Eines Tages werde ich mehr Zeit haben

Ich weiß nicht, in wie vielen Gesprächen mir Menschen ungefähr die folgende Geschichte erzählt haben: „Wissen Sie, wir haben geheiratet, und ich habe hart gearbeitet, um meiner Familie ein gutes Leben zu ermöglichen. Ich war erfolgreich in meinem Job. Ich hatte nicht viel Zeit für die Familie, aber ich habe geglaubt, das würde eines Tages anders. Wir konnten uns einiges leisten – vielleicht sogar sehr viel. Jetzt bin ich fünfzig, und ich würde gern Zeit mit meinen Kindern verbringen, aber, ehrlich gesagt, sie wollen nichts davon wissen. Nicht, dass sie mich nicht lieben, nein; es ist nur so, dass *sie* jetzt zu beschäftigt sind. Sieht so aus, als hätten sie – und meine Frau auch – gelernt, ohne mich zu leben. Und ich fühle mich irgendwie betrogen."

Der Tag, an dem Sie automatisch mehr Zeit für die Familie haben werden – dieser Tag kommt nie.

Natürlich wählen wir einen solchen Lebensstil nicht bewusst. Aber wir leben automatisch so. Immer wieder nehmen wir uns vor, eines Tages mehr Zeit zu haben. „Nächste Woche wird es etwas ruhiger …" oder „Wenn ich erst mal befördert bin/wenn die Prüfung vorbei ist/wenn ich diese Aufgabe erledigt habe/wenn die Wohnung renoviert ist/wenn das neue Büro eingerichtet ist … werde ich mir mehr Zeit für die Familie nehmen." Wenn Sie sonst nichts aus diesem kleinen Buch mitnehmen, nehmen Sie wenigstens diese Erkenntnis mit: Dieser Tag kommt nie. Wenn es irgendetwas gibt, das Ihnen wichtig ist – nehmen Sie sich Zeit dafür. *Heute.*

Mythos Nummer drei:
Ich muss so viel arbeiten, damit ich meinen Kindern das Beste geben kann

Die meisten Menschen wollen so gut wie möglich für ihre Kinder sorgen. Aber hier sollten Sie genau hinsehen. Jemand hat gesagt: „Wir sind so sehr damit beschäftigt, unseren Kindern das zu geben, was wir *nicht* haben, dass wir darüber vergessen, ihnen das zu geben, was wir haben."

Aber auch wenn Sie diese Mythen entlarvt haben – es ist nicht immer einfach, Zeit zu finden …

Der Supermarkt der Zeit

Ein großer Supermarkt eröffnet in Ihrer Nähe. Aber man verkauft dort keine Lebensmittel oder Getränke. Man verkauft Möglichkeiten, sein Leben zu gestalten. Man zahlt dort nicht mit Geld; man zahlt mit Zeit. Und statt Backwaren, Fleischabteilung und Gemüseecke ist der Laden unterteilt in Beruf und Karriere, Hobbies, Fernsehen und Medien, Beziehungen, Schlafen, Essen, Hygiene – und Familie.

An dem Tag, als Ihr erstes Kind geboren wird, lädt man Sie zu einem Besuch dort ein. Der Marktleiter bittet Sie in sein Büro und erklärt Ihnen die Regeln: „Sie müssen jede Woche kommen und hier Zeit verbringen. Sie haben dasselbe Zeitguthaben wie jeder andere: 168 Stunden pro Woche."

„Hört sich nach recht viel an", sagen Sie. „Was, wenn ich nicht alles ausgebe?"

Der Manager lächelt. „Ich habe noch nie einen Menschen getroffen, der nicht alles ausgegeben hätte."

Sie zucken mit den Achseln. „Okay. Wie funktioniert das Ganze?"

„Nun", sagt der Manager, „es gibt bestimmte Dinge, die Sie kaufen müssen. Mein Vorschlag wäre, Sie investieren acht Stunden am Tag für Schlaf, acht für die Arbeit, eine Stunde für die Fahrt, zwei Stunden für Essen und noch dreißig Minuten für Körperpflege."

Er sieht, dass Sie stirnrunzelnd versuchen, das Budget zu überschlagen. „Ich kann Ihnen die Mühe ersparen", sagt er hilfreich. „Wochentags haben Sie noch viereinhalb Stunden, die Sie in anderen Abteilungen ausgeben können."

„Das ist nicht viel", murmeln Sie, während Sie den Einkaufswagen in den Laden schieben.

Eines Tages spricht Sie beim Verlassen des Marktes jemand an. Er hat Ihren mürrischen Gesichtsausdruck bemerkt. „Warum so verdrießlich?", fragt der alte Mann.

ZEIT FINDEN FÜR DIE FAMILIE **19**

„O, nichts weiter", sagen Sie. „Ich liebe meine Frau und meine Kinder, aber wenn ich endlich in die Familienabteilung vorgedrungen bin, habe ich meine ganze Zeit schon ausgegeben – es gibt einfach nicht genug davon."

„Darf ich Ihnen ein paar Tipps geben?", bietet Ihr Gesprächspartner an.

Ein paar Monate später spricht Sie der Marktleiter an. „Sie verblüffen mich", sagt er.

Sie lächeln. „Wirklich?"

„Ja", sagt er. „Wenn Sie jetzt herkommen, nehmen Sie einen anderen Weg durch die verschiedenen Abteilungen. Wenn Sie in Job und Karriere, Schlaf, Körperpflege und Essen waren, gehen Sie direkt zu diesem Gang dort hinten. Sie gehen an unseren verlockenden Sonderangeboten in den Abteilungen Fernsehen und Medien, Hobbies, soziale Kontakte einfach vorbei. Warum tun Sie das?"

„Nun", sagen Sie, „weil jener Gang die Familienabteilung ist. Ich kaufe meist etwas Vorlesezeit mit meinem zweijährigen Sohn und etwas Zeit, um mit meinem Sechsjährigen zu spielen. Und ich kaufe dann noch genug Zeit, um das Hockeyspiel meiner Tochter anzusehen, und meist auch noch einen Abend in der Woche für meine Frau."

Der Marktleiter runzelt die Stirn. „Aber warum gehen Sie zuerst dorthin?"

„O, ganz einfach", antworten Sie. „Anfangs hatte ich immer vor, all diese Dinge in der Abteilung Familie zu kaufen. Aber bis ich dorthin kam, hatte ich mein Zeitbudget schon aufgebraucht – einmal habe ich zwanzig Stunden der Woche nur für Fernsehen und Medien ausgegeben! Und dann sagte mir jemand, dass mein Zeitbudget *begrenzt ist, und dass ich deshalb die wirklich wichtigen Dinge zuerst kaufen sollte."*

„Verstehe", sagt der Marktleiter. „Aber ich habe noch etwas bemerkt. Früher haben Sie einfach das Auto geparkt und sind direkt in den Markt gekommen. Jetzt sitzen Sie immer noch eine Weile im Auto und schreiben irgendetwas, bevor Sie hereinkommen. Was machen Sie da?"

„Ach, das hat einen ganz einfachen Grund", sagen Sie. „Ein paar Wochen lang – selbst als mir schon klar war, dass ich zuerst in die Abteilung Familie gehen wollte – ließ ich mich doch unterwegs immer wieder von den anderen Abteilungen ablenken. Und ich hatte wieder nicht genug Zeit für Familie übrig ... bis ich mir eine Liste gemacht habe. Jetzt nehme ich mir einfach ein paar Minuten Zeit und plane, *was ich kaufen will."*

„Ich liebe es, wenn ein Plan funktioniert."

– Colonel „Hannibal" Smith, The A-Team

Es ist eine Sache, den Entschluss zu fassen, dem Familienleben mehr Raum einzuräumen. Aber was können wir tun, damit es tatsächlich passiert? Warum haben manche Familien anscheinend so viel mehr Zeit füreinander als andere? Haben andere Leute weniger Verpflichtungen im Job oder mehr Geld, um andere für die Routineaufgaben zu bezahlen? Ja, manchmal – aber nicht in allen Fällen. Nein, das Geheimnis ist schlicht dies: Familien, die Zeit füreinander haben, haben ihr Miteinander zur Priorität gemacht. Sie *planen* Zeit füreinander ein.

Es reicht nicht, dass Sie zur Schultheateraufführung Ihrer Tochter gehen *wollen* – das Leben wird Ihnen tausend Dinge in den Weg stellen. Nur gehen zu *wollen* wird Sie nicht einmal in die Nähe von *Der Zauberer von Oz* bringen. Nein, wenn Sie dieses Ziel erreichen wollen, müssen Sie überzeugt sein, dass es Priorität hat – dass diese Aufführung wichtig ist. Sie müssen überzeugt sein, dass es eine Rolle spielt, ob Ihre Tochter ihren Vater oder ihre Mutter im Publikum sieht. Wenn Sie davon überzeugt sind, werden Sie da sein – auch wenn Sie manchmal wirklich nicht

> *Es reicht nicht, mehr Zeit für Ihre Kinder haben zu* wollen. *Sie müssen* überzeugt sein, dass dies *wichtig* ist.

viel Lust haben (ehrlich, vieles von dem, was wir mit unseren Kindern tun, ist nicht gerade der Höhepunkt an Vergnügen).

Aber selbst die Überzeugung, dass es hier um etwas mit Priorität geht, bringt Sie noch nicht in die Schulaula. Sie müssen *planen*, da zu sein. Dann erst nehmen Sie Ihre Prioritäten ernst. Das heißt: Sie müssen es in den Kalender schreiben. Zu Beginn des Schuljahres müssen Sie sich hinsetzen und alle wichtigen Termine eintragen.

Im Fernsehen lief eine Zeitlang der folgende Spot: Ein kleines Mädchen kommt in das Büro seines Vaters, der am Schreibtisch arbeitet. Er ist damit beschäftigt, seinen Terminkalender zu organisieren. „Dad, was machst du?", fragt die Kleine. Er sieht nicht mal auf und antwortet: „Ich schreibe auf, wann ich ein paar wirklich wichtige Leute sehen kann."

„Dad", fragt die Tochter, „stehe ich auch in dem Buch?"

Praktische Schritte

➡ Legen Sie einen Familienkalender an und reservieren Sie gleich jetzt einen Abend pro Woche als „Familienzeit". Dabei sollte es vor allem um Zeit gehen, in der Sie miteinander Dinge tun, die allen Spaß machen: Spiele machen, eine DVD anschauen, basteln, im Wohnzimmer schlafen oder sich bei Kerzenlicht Geschichten erzählen.

➡ Machen Sie mit Ihren Kindern das witzige Quiz „Wie gut kennen Sie Ihr Kind?" unter
www.kleiner-familienratgeber.de

➡ Scheint es Ihnen unmöglich, Zeit zu finden? Dann fragen Sie sich, was Sie streichen könnten, um etwas Neues anzufangen.

➡ Richten Sie einen regelmäßigen Ehe-Abend ein, den Sie als Paar zusammen verbringen. Das muss nicht teuer sein. Wichtige Grundregel: Das Handy bleibt aus.

➡ Falls möglich, nehmen Sie Ihr Kind einmal an Ihren Arbeitsplatz mit. Lassen Sie es auf Ihrem Stuhl sitzen oder an Ihrem Arbeitsplatz stehen.

➡ Tragen Sie jetzt wichtige Termine Ihrer Kinder in Ihren Kalender ein – Schulaufführungen, Wettkämpfe des Sportvereins, Geburtstage, Jahrestage.

➡ … Planen Sie, dann klappt's auch mit den Terminen!

Lebensweisheit zwei

Sich Zeit nehmen zum Gespräch

Wenn ich mit Familien spreche, die große Schwierigkeiten erleben, kommt fast immer das Thema Kommunikation auf. Eltern berichten von ihrem Sohn: „Wir kommen einfach nicht an ihn heran." Oder Ehepartner sagen: „Wir reden einfach nicht mehr miteinander."

Zeiten, in denen Kommunikation schwierig ist, gibt es in fast jeder Familie. Wenn Kinder ins Teenageralter kommen, ist es gar nicht ungewöhnlich, dass es Zeiten gibt, in denen Sie sich schon glücklich schätzen, wenn Sie von ihnen als Antwort ein Grunzen bekommen. Als Lloyd dreizehn wurde, war er plötzlich unglaublich verschlossen. Dianne sagte einmal zu mir: „Wo ist bloß der Junge geblieben, der mir ständig nachlief und erzählte, was er am Tag erlebt hat? Ich vermisse ihn." Bei Teenagern geht das Problem üblicherweise wieder vorbei. In manchen Beziehungen kann der Mangel an Kommunikation aber viel ernster sein.

„Schleichende Vereinzelung"

Viele Frauen, mit denen ich rede, beschweren sich über etwas, das schwer zu verstehen ist, weil sie andauernd von Menschen umgeben sind. Frauen sagen mir oft, dass sie einsam sind. Eine Frau sagte: „Ich habe das Gefühl, als sei ich in meinem innersten Kern zutiefst einsam." Es sind aber nicht nur Frauen, die das so erleben. Ein Ehemann sagte: „Es scheint, dass wir als Familie nicht viel Zeit füreinander haben. Ich kann mich nicht erinnern, wann meine Frau und ich zuletzt ein tief gehendes Gespräch geführt haben."

Niemand will in einer Beziehung bewusst distanziert sein. Aber miteinander im Gespräch bleiben muss man wollen.

Nun beginnt keiner von uns das Familienleben mit der bewussten Absicht, dass er als Ehepartner oder als Mutter oder Vater distanziert sein will; und in den meisten Familien zeigt sich der Mangel an Kommunikation auch nicht sofort. Dass ein Problem vorliegt, wird aber deutlich, wenn ein Teenager dringend Mutter oder Vater sein Herz ausschütten möchte, es aber nicht kann, weil sie keine entsprechende Beziehung haben. Und es wird auch klar, wenn Ihnen Ehepartner erzählen, dass sie sich scheiden lassen, und sagen: „Es ist nicht so, dass wir uns nicht mehr lieben – wir lieben uns schon noch auf eine gewisse Art. Bloß hatten wir wohl während der letzten Jahre keine Zeit füreinander." Ein Paar bezeichnete das einmal als „schleichende Vereinzelung".

Wenn ich mit Paaren spreche, die eine schwierige Zeit durchmachen, frage ich manchmal: „Wenn Sie etwas im Blick auf Ihre Beziehung ändern könnten, was wäre das?" Viele Männer sagen: „Ich wünschte, meine Frau hätte mehr Interesse an Sex." Natürlich erwähnen auch Frauen das Thema Sex, aber viel öfter sagen sie: „Ich wünschte, er würde mehr *Anteil nehmen*."

Wir fragen dann: „Wie könnte Ihr Mann Ihnen das zeigen?" Und die Antwort lautet manchmal in etwa: „Ich möchte, dass wir mehr Zeit miteinander verbringen. Zeit, ohne dass das Handy klingelt. Zeit zum Reden; Zeit, in der er auf mich eingeht, mir tatsächlich *zuhört*. Ich möchte nur merken, dass ich ihm wichtig bin."

Kommunikation wiederentdecken

Ich habe auf diesem Gebiet selbst ein paar üble Fehler gemacht. Ich habe einen Großteil meines Lebens damit verbracht, mit anderen zu kommunizieren. Ich erinnere mich aber gut daran, dass ich in den ersten Jahren als Familienvater wenig Zeit für die Kommunikation mit den Menschen hatte, die ich am meisten liebe. Ich bin dankbar, dass ich, in den ersten Jahren meiner Ehe und als die Kinder klein waren, ein paar Lektionen gelernt habe. Dianne und ich hätten es wohl nicht bis hierher geschafft, wenn ich nicht irgendwann erkannt hätte, dass unsere Liebe an Kommunikationsmangel zu sterben drohte. Ich weiß noch, dass ich damals viele Verpflichtungen beendete, die ich neben der Arbeit noch übernommen hatte, und dass Dianne und ich plötzlich abends Zeit füreinander hatten. Damit war das Problem nicht sofort vom Tisch – ich erinnere mich an einen speziellen Winter, den wir Abend für Abend einfach mit Gesprächen verbrachten.

Das Mittel gegen die „schleichende Vereinzelung" und für die Wiederentdeckung der Kommunikation mit unserem Partner und unseren Kindern liegt normalerweise nicht in einem langen Urlaub oder in dem, was manche „Zeit mit Qualität" nennen, sondern in einer ganzen Menge „normaler Zeit", in der man ganz alltägliche Dinge zusammen tut – insbesondere miteinander spricht.

Ich denke da an ein Paar, das ich vor einigen Jahren traf. Sie hatten drei Kinder, lebten ein geschäftiges Leben und hatten sich irgendwie auseinandergelebt. Es sah so aus, als sei ihre Ehe am Ende. Dann entschieden sie sich, ihrer Beziehung eine letzte Chance zu geben und etwas Neues zu versuchen.

Sie beschlossen, jeden Dienstagabend miteinander zu verbringen. Manchmal gingen sie ins Kino, manchmal nur spazieren und nur ab und zu zum Essen aus. Sie konnten sich zwar einen Babysitter leisten, waren aber wirklich nicht wohlhabend. Sie gaben der gemeinsamen Zeit einfach Vorrang und *planten* das in ihr Leben ein.

Diese Dienstagabende haben sie mindestens zwölf Jahre lang beibehalten und gaben sie nicht auf, bis ihre Kinder aus dem Haus waren. Haben diese wöchentlichen Abende ihre Ehe gerettet? Wer weiß? Eins aber ist klar: Sie wurden ihnen wichtig. Man hatte keine Chance, sie dienstagabends telefonisch zu erreichen – die Handys waren abgestellt. Versuche, sie mit anderen Dingen zu ködern, die an Tagen stattfanden, die sie „unseren Date-Abend" nannten, waren zum Scheitern verurteilt. Was sie unternahmen, war nicht ausgefallen, nicht teuer, aber sie nahmen sich gegenseitig ernst, indem sie sich *Zeit* widmeten.

Sie waren weise; nur zu leicht machen wir ja den Fehler, dass wir unsere ganze emotionale Energie in unsere Kinder investieren. Der Soziologe Christopher Lasch sagte schon vor 30 Jahren „eine emotionale Überfrachtung der Eltern-Kind-Bindung" voraus.[1] Das war geradezu ein prophetisches Wort. Wenn man sich ganz den Kindern widmet, ergibt sich das Problem, dass sie älter werden und – was völlig richtig ist – eines Tages die Eltern verlassen, um vielleicht weit weg zu leben. Wenn wir uns völlig in unsere Kinder investiert haben, schauen wir uns als Ehepartner an, wenn sie weg sind, und fragen uns: „Wer bist du denn?"

> *Wir machen leicht den Fehler, unsere gesamte emotionale Energie in die Kinder zu investieren.*

Natürlich ist nicht nur die Kommunikation mit unserem Partner lebenswichtig, sondern auch die Kommunikation innerhalb der ganzen Familie. Das muss keine komplizierte Sache sein. Es kann die Unterhaltung bei gewöhnlichen gemeinsamen Tätigkeiten sein – dem Aufräumen der Garage, der Hilfe bei den Hausaufgaben, dem Saubermachen des Hamsterkäfigs. Unterschätzen Sie diese gewöhnlichen Gespräche nicht: Untersuchungen haben gezeigt, dass das Elterninteresse einen gewaltigen Einfluss auf die Schulleistungen der Kinder hat. Einer der wirkungsvollsten Faktoren dabei ist die Zeit, die Eltern dem Gespräch über alltägliche Ereignisse und Tätigkeiten einräumen. Wenn solche Gespräche nicht stattfinden – oft, weil Eltern mit kleinen Kindern der Meinung sind, dass das nicht wichtig sei –, führt das nicht nur zu einem Wissensmangel bei den Kindern, sondern auch zu einem Mangel an Selbstvertrauen.[2]

Ich erinnere mich, dass ich den Rat eines Freundes befolgte, mit meinen Kindern einzeln Zeit zu verbringen.

Und ob es nun Fußballspielen mit Lloyd war oder das endlose Colatrinken mit Katie – ich entdeckte, welche Kraft nur schon allein darin liegt, dass man Zeit miteinander verbringt.

Sich Zeit zu nehmen, um zu reden, und – vor allem – um *zuzuhören*, ist selten leicht, aber es ist eine Investition in die Zukunft. Wenn wir unseren Kindern zuhören, wenn sie fünf, sechs und sieben sind, während sie uns helfen, das Auto zu waschen – und es dabei eher verkratzen –, dann besteht auch die Chance, dass sie uns zuhören, wenn sie fünfzehn, sechzehn und siebzehn sind.

Rund um den Familientisch

Vielleicht entdecken wir die Kommunikation wieder, während wir am Esstisch sitzen. In *Die 7 Wege zur Effektivität für Familien. Prinzipien für starke Familien* spricht Stephen R. Covey über die Wirkung gemeinsamer Mahlzeiten.

> Wir alle müssen essen. Der Weg zu Herz, Hirn und Seele führt oft durch den Magen. Das bedarf sorgsamer Gedanken und Unterscheidungen, aber es ist möglich, Essenszeiten so zu gestalten, dass sie eine eigene Bedeutung bekommen – ohne Fernsehen und ohne dass man alles nur in Eile hinunterschlingt. Die Mahlzeiten in der Familie sind wichtig, selbst wenn Sie nur einmal in der Woche zusammen essen.[3]

Jenny ist alleinerziehend. Sie drückt die Bedeutung des gemeinsamen Essens als Familie so aus:

Ich habe drei Kinder zwischen vier und zehn. Ich arbeite ganztags und das Leben ist hektisch. Die Mahlzeiten finden bei uns während der Woche oft zwischen Tür und Angel statt, aber freitagabends und sonntagmittags essen wir „richtig" als Familie.

Ich habe mir viel Mühe gegeben, damit diese Mahlzeiten zu besonderen Ereignissen werden. Jedes Kind hat eine Aufgabe – hilft beim Kochen, Decken, Abwaschen –, und obwohl es jedes Mal ein Kampf ist, den Mittleren zu überzeugen, überhaupt etwas zu tun, bekommen wir schließlich alles hin. Freitags kann es etwas ganz Gewöhnliches geben wie Hawaitoast, aber wir sitzen am gedeckten Tisch und reden miteinander. Der Flimmerkasten ist aus.

Ich versuche, während dieser Mahlzeiten die Kinder nicht zu kritisieren – ich möchte, dass sie diese Zeiten genießen. Und wir haben immer eine bestimmte Zeit, in der wir uns erzählen können, was das Beste und das Schlimmste war, was uns in der letzten Woche begegnet ist. Natürlich ist der Beginn eines flüssigen Gesprächs manchmal ein bisschen wie Zähne ziehen – besonders beim Ältesten; wir hatten aber einige brillante – und aufschlussreiche – Zeiten. Manchmal spielen wir hinterher noch etwas.

Neulich kam ich an einem Dienstag früher nach Hause und sie hatten den Tisch gedeckt für ein „richtiges" Essen. Eines der Kinder sagte: „Ich weiß, es ist nicht der richtige Abend, Mama; können wir es aber nicht trotzdem machen?" Und ich dachte: „Ja! Es funktioniert!"

Ich erinnere mich an eine Frau, die mir erzählte, dass es in ihrer Kindheit einen alten Holzstuhl in ihrer Küche gab. Als Baby hatte ihre Mutter sie in diesem Stuhl gestillt. Und sie hatte sich an der Lehne dieses Stuhls hochgezogen, als sie ihre ersten Versuche machte, die hohe Kunst des Gehens zu meistern. Als sie in die Schule kam, rannte sie immer heim und saß auf diesem Stuhl, während ihre Mutter ihr das Abendbrot machte und sie sich unterhielten. Als Teenager saß sie dort oft und schüttete ihren Eltern das Herz aus. Sie und ihre Mutter nannten ihn den „Gesprächsstuhl".

Der Mangel an Kommunikation tötet die Liebe ab und zerstört Familien.

Kinder wie Erwachsene brauchen einen Gesprächsstuhl.

Praktische Schritte

➠ Wenn Ihre Kinder noch klein sind, nehmen Sie ihren Kopf in beide Hände und sehen Sie ihnen in die Augen, wenn sie Ihnen etwas sagen möchten, das für sie wirklich wichtig ist.

➠ Fragen Sie Ihre Kinder nach ihrer Meinung zu verschiedenen Dingen, banalen und ernsten; das ist Teil des Erwachsenwerdens. Bei den Kleinen können Sie vielleicht fragen: „Was denkst du, welche dieser Geburtstagskarten gefällt Sophie wohl am besten?" und bei Teenagern eher: „Ich mache mir ein bisschen Sorgen wegen … Was meinst du, sollte ich tun?"

➠ Zuhören fällt schwer! Versuchen Sie, jemandem zwei Minuten zuzuhören, ohne dazwischenzureden. Ein Teenager sagte: „Das war super! Mein Vater hörte mir eine Ewigkeit zu, ohne mich auch nur einmal zu unterbrechen. Es fühlt sich toll an, wenn dir jemand zuhört."

SICH ZEIT NEHMEN ZUM GESPRÄCH

➠ Stellen Sie sicher, dass Sie wirklich zuhören, auch wenn Sie zu wissen meinen, was der andere sagen wird. Es ist gut, wenn man kleinen Kindern mehr Zeit einräumt, damit sie erklären können, was sie sagen wollen.

➠ Holen Sie aus Tätigkeiten wie Spazierengehen, Puzzeln, Abwaschen oder Aufräumen das Beste heraus, wenn die Chance besteht, dass Sie sich währenddessen miteinander unterhalten können.

➠ Versuchen Sie so oft wie möglich, zusammen ein „richtiges" Familienessen zu veranstalten.

➠ Planen Sie regelmäßig Zeiten, die Sie mit jedem Familienmitglied einzeln verbringen – ein Billardspiel mit dem Sohn, ein Mutter-Tochter-Einkaufsbummel oder ein Eltern-Kind-Frühstück auswärts, jeden Samstag mit einem anderen Kind.

Lebensweisheit drei

Die Kraft der Ermutigung entdecken

In einem Radiointerview wurde ich kürzlich gefragt: „Was würden Sie anders machen, wenn Sie Ihr Familienleben noch einmal beginnen könnten?" Ich musste über meine Antwort nicht nachdenken. „Ich wünschte, ich hätte in den ersten Jahren nicht versucht, aus den Menschen in meiner Familie etwas zu machen, das sie nicht sein konnten. Wenn ich noch einmal die Chance hätte, würde ich jeden mehr annehmen. Statt darauf zu sehen, wie sie meiner unangebrachten Sicht von Vollkommenheit entsprechen, würde ich mir Zeit nehmen, sie in den Qualitäten und Stärken zu ermutigen, die sie besitzen."

Die größte Gabe

Eine der wichtigsten Gaben, die wir unseren Familienmitgliedern geben können, ist die Annahme. Solange Menschen nicht glauben, dass sie angenommen sind, fällt es ihnen schwer zu glauben, dass sie *geliebt* sind.

Ich erinnere mich an Zeiten in meinem Familienleben, in denen ich wenig Annahme ausstrahlte; in denen ich jeden ändern wollte, außer *mich* selbst. Ich wollte, dass Katie sportlicher wäre, so wie Lloyd. Ich wollte, dass Lloyd mehr Interesse am Lernen haben sollte, so wie Katie. Ich wollte, dass Dianne etwas dünner, größer

Die Kraft der Ermutigung entdecken

und abenteuerlustiger wäre. Es ist aber ermüdend, wenn man jemanden im Nacken hat, dem man es nicht recht machen kann, weil er eine *andere Person* aus dir machen will. Wenn man jemanden in dieser Weise ändern will, ergibt sich das Problem, dass man ihm nicht so gerecht wird, wie er ist.

Ich weiß nicht mehr genau, wann es war, aber ich habe damit aufgehört. Ich begann, die individuellen Gaben und Eigenarten in meiner Familie zu schätzen – und das auch jedem zu sagen. Sicher, Lloyd trieb mich weiterhin in den Wahnsinn mit seinem unordentlichen Zimmer und der Tatsache, dass sein Erdkundelehrer, seit er sieben war, keine Hausaufgaben mehr von ihm zu sehen bekommen hatte.

Wenn Menschen nicht erfahren, dass sie angenommen sind, fällt es ihnen schwer zu glauben, dass sie geliebt sind.

Aber er ist unglaublich bemüht, wenn jemand fix und fertig ist. Und er schafft, wovon ich nur träumen kann: Er kommt zu einem Fest und die Stimmung steigt. Als ich anfing, diese Qualitäten nicht nur zu schätzen, sondern sie auch tatsächlich zu loben, vertiefte sich meine Beziehung zu ihm. Obwohl alle Eltern mit einem Funken Verstand seine Zeugnisse gern für die von Katie eintauschen würden, begann er zu glauben, dass ich die Unterschiede zwischen ihnen schätzte – und mich an ihnen freute.

Mit Dianne und Katie war es genauso. Ich fing an, zunächst willentlich, täglich ihre Qualitäten zu loben, statt nörgelnd zu kritisieren, dass sie nicht so waren, wie ich es mir vorstellte. Normalerweise ist es unmöglich, einen anderen Menschen zu ändern. Aber: Man kann sich selbst ändern. Und das Faszinierende an einer solchen Veränderung ist, dass sie eine bestimmte Dynamik entwickelt, besonders in einer eng verbundenen Gruppe wie einer Familie: Oft verändern sich dann nämlich auch die anderen.

Annahme bedeutet nicht, dass man falsches Verhalten oder gehässiges Reden stillschweigend duldet. Es bedeutet auch nicht, dass man die Hoffnung aufgibt, bei anderen positive Veränderungen zu sehen. Es geht viel mehr darum, die persönliche Mission zu beenden, andere – mit all ihrer unglaublichen Individualität – so formen zu wollen, wie wir es uns vorstellen.

Ich habe Ihnen von meinen Fehlern erzählt; lassen Sie mich auch von einem kleinen Erfolg berichten. Meine Tochter Katie ist mittlerweile verheiratet. Ich versichere Ihnen, dass sie einer der am wenigsten arroganten Menschen ist, die Sie finden können – aber kürzlich sagte sie: „Papa, du weißt ja, dass ich immer ziemlich zuversichtlich in neue Situationen hineingehe oder auf neue Leute zugehe – und dass ich mich selbst o.k. finde. Und ich habe neulich festgestellt, dass du, seit ich klein war, zu mir Dinge gesagt hast wie: ‚Du siehst darin gut aus' oder: ‚Was du da gekocht hast, hat toll geschmeckt.' Und ich habe erkannt, dass der erste Mann in meinem Leben mich akzeptiert und geliebt und mir das Gefühl gegeben hat, dass ich etwas Besonderes bin."

Die Kraft der Ermutigung

Ich weiß, dass wir als Kinder auf dem Spielplatz jede Menge Reime immer wieder hergesagt haben. Ein ausgesprochen dummer war gewiss: „Stöcke und Steine können mir Schläge versetzen, aber niemals können mich Worte verletzen." Wenn es irgendeine Lektion im Leben gibt, von der ich mir wünschte, ich hätte sie früher gelernt, dann die, welche Macht in den Worten steckt, die wir sagen. Wann immer Sie Familien finden, in denen die Beziehungen stark sind – egal ob wohlhabend oder bescheiden, Patchworkfamilien, mit einem oder zwei Elternteilen, ob sie nun die statistischen 2,2 Kinder haben oder so viele, dass es für eine Fußballmannschaft reicht – Sie finden immer dieselbe Zutat: die Kraft der Ermutigung.

Wenn ich die Uhr zurückdrehen könnte, würde ich meiner Frau mehr Komplimente machen, statt der blöden nörgelnden Kritik, die ich manchmal so mochte. Beim Ausgehen würde ich öfter sage: „Du siehst heute Abend toll aus", statt des hilfreichen Hinweises: „Dein Haar wirkt irgendwie komisch."

Ich war gerade bei einer Preisverleihung für sechs junge Leute zwischen sechzehn und zwanzig. Zwei waren von der Schule geflogen, einer kam gerade aus dem Gefängnis und alle hatten irgendetwas auf dem Kerbholz. Sie hatten an einem Kurs teilgenommen, in dem man lernte, sich im Leben Ziele zu stecken, mehr Selbstvertrauen zu haben, in Bewerbungsgesprächen überzeugend zu wirken und – man höre und staune – öffentlich eine Rede zu halten.

Erst am vorletzten Tag hatten die Kursleiter ihren Schülern gesagt, dass man von ihnen am letzten Vormittag eine kurze Präsentation vor 50 Leuten erwarte.

Ich hatte das Vorrecht, einer dieser 50 zu sein. Jeden der jungen Redner ermutigten die Betreuer. Wenn jemand ins Stocken geriet, halfen sie schnell mit einem Stichwort. Und immer, wenn jemand seine 5-minütige Rede beendet hatte, brach der Saal in Beifall aus und die anderen Schüler gaben einen positiven Kommentar:

„Ich habe bemerkt, dass Helen guten Augenkontakt gehalten hat."

„Amy war echt witzig und selbstsicher."

„Nathan hat darauf geachtet, dass er einen richtig guten Schluss hat."

„Gemma ist immer so herzlich zu den Leuten."

Nach der Veranstaltung blieb ich noch etwas und sprach mit einigen der Kursteilnehmer. Ich fragte eine Siebzehnjährige, was so besonders gewesen war. Sie sagte: „Mein Leben ist Schrott. Ich hab jahrelang auf der Straße herumgehangen. Mein Leben lang haben mir die Leute gesagt, dass ich eine Verliererin bin und bleibe. Aber gerade habe ich vor einem Saal voller Menschen eine Rede gehalten – und wenn ich das kann, dann kann ich alles Mögliche. Zum allerersten Mal kann ich mir vorstellen, dass ich ein anderes Leben führen kann."

Eine wichtige Zutat in jeder Art von starken Beziehungen: die Kunst zu ermutigen.

Diese jungen Leute waren acht Tage lang von zwei Menschen angeleitet worden, die sie nicht danach beurteilten, was sie verbockt hatten, sie nicht in die Verliererschublade steckten und ihnen bei den kleinsten Dingen, die sie richtig machten, Bestätigung gaben. Acht Tage! Nicht acht Jahre, Monate oder Wochen – acht Tage! Acht Tage lang erfuhren sie die Kraft der Ermutigung.

Seit wir verheiratet sind, haben Dianne und ich nie in einer traditionellen Kleinfamilie gelebt. Vor über dreißig Jahren kam ein Mann zu uns, der seine ganze Kindheit in einem Heim verbracht hatte und zeitweise obdachlos gewesen war, um ein Weilchen bei uns zu leben. Aus irgendeinem Grund, an den sich keiner von uns so richtig erinnert, ist er nie fortgegangen.

Ermutigung soll niemals unehrlich sein. Aber sie kann sich auf die kleinsten Dinge beziehen.

Er hat eine Lernschwäche und in der Anfangszeit bei uns war sein Selbstwertgefühl sehr schwach, aber von dem Tag an, an dem er kam, begann Dianne, ihn zu bestätigen, wann immer er etwas richtig machte. Ich hörte sie sagen: „Gut gemacht, Ron" oder „Du siehst heute gut aus" oder „Ron, du bist ein Held!"

Und langsam, mit den Monaten und Jahren, wuchs Rons Selbstvertrauen. Er fand Arbeit, behielt sie auch und war nie wieder arbeitslos. Er war Co-Leiter in einem Fußballverein und assistierte bei einem kleinen Wohlfahrtsverein, der mit Obdachlosen arbeitete.

Anfangs war es schwer, etwas zu finden, wofür man Anerkennung zeigen konnte. Aber Dianne suchte täglich so lange, bis sie etwas fand. Ron fing an, sein Leben anders zu betrachten, sich nicht als Fehler, sondern als Gewinn zu sehen.

Welch eine tolle Arbeit Dianne geleistet hatte, wurde deutlich, als Ron eines Tages von einem Cricketspiel heimkam. Er ist nicht der geborene Sportler, sodass wir etwas zurückhaltend waren, ihn zu fragen, wie er gespielt hatte. Wir hätten uns aber nicht sorgen brauchen. Ich sagte: „Wie war das Spiel, Ron?" Ein breites Lächeln zog über sein Gesicht und er sagte: „Toll! Ich hatte zwei Läufe und *einen Ball hätte ich beinahe gefangen.*"

Wenn Sie das Beste aus Ihren Kindern oder Ihrem Partner herauslocken möchten, dann entdecken Sie die Kraft der Ermutigung. Das sollte niemals unehrlich sein, aber es kann sich auf die kleinsten Dinge beziehen.

Bestätigung kann zu einer Haltung werden. Ich sehe manchmal Familien, die langsam vom negativen oder bissigen Reden zerstört werden. Ich beobachte Männer, die ihre Frauen öffentlich demütigen, indem sie über ihre Kochkunst spotten oder über ihr Gewicht. Ich höre, wie Frauen vor Freunden heruntermachen, was ihre Männer im Leben erreicht haben. Ich ringe manchmal nach Luft, wenn Eltern Löcher in das empfindliche Selbstwertgefühl ihrer Kinder reißen, so wie der Vater, der, als seine dreizehnjährige Tochter den Raum betrat, zu mir sagte: „Schauen Sie, wen uns die Katze ins Haus geschleppt hat."

Manchmal wirken solche Worte unserer Eltern noch ungemindert, selbst wenn wir schon lange erwachsen sind. Eine Frau, die als Kind kaum von ihrer Mutter gelobt worden war, erinnerte sich, wie ihre Mutter am Tag ihrer Hochzeit bemerkte: „Du siehst schick aus!" Sie konnte nur sagen: „Ich wollte aber nicht schick aussehen, sondern *wunderschön.*"

Natürlich können wir auch in der Familie nicht ständig loben. Manchmal müssen wir auch Grenzen setzen und jemandem sagen, dass sein Verhalten unannehmbar war und so nicht weitergehen kann. Manchmal müssen sich Ehepartner harte Dinge sagen und gewiss müssen Eltern darauf gefasst sein, dass ihre Beliebtheitswerte einbrechen. Aber selbst wenn wir schwierige Dinge sagen müssen, ist das leichter und viel wirkungsvoller, wenn es von Lippen kommt, die gern zum Lob bereit sind – und es bereits eine Geschichte der Bestätigung gibt. Untersuchungen legen in der Tat nahe: Um uns als Menschen entfalten zu können, um das Gefühl zu entwickeln, dass es uns gut geht, brauchen wir mehr positive als negative Kommentare in unserem Leben – und zwar im Verhältnis drei zu eins.[4]

Ertappen Sie Ihre Kinder dabei, dass sie etwas richtig machen – und sagen Sie es ihnen.

Wir können die Ermutigung selbst in Extremsituationen nutzen. Kürzlich kam eine Mutter nach einem Vortrag zu mir, den ich vor Eltern von Teenagern gehalten hatte, und erzählte mir ihre Geschichte. Ihr Sohn sei sechzehn und drogenabhängig – er war eine Zeit lang in einer Einrichtung für jugendliche Straftäter gewesen. Am Tag vor dem Seminar war er entlassen worden.

Sie sagte: „Gestern Abend habe ich zu meinem Sohn gesagt: ‚Bitte komm heute vor 23 Uhr heim; ich mache mir Sorgen, wenn du spät weg bist.'"

Und dann sagte sie: „Rob, er kam gestern pünktlich nach Hause und erst als ich dich heute Abend über Bestätigung für unsere Kinder sprechen hörte, wurde mir klar,

LEBENSWEISHEIT DREI

dass ich ihm nicht dafür gedankt habe. Wenn ich nachher daheim bin, werde ich ihm sagen, wie sehr ich mich darüber freue, dass er auf meine Bitte eingegangen ist."

Man nennt dieses Prinzip: „Ertappe deine Kinder dabei, wenn sie etwas *richtig* machen." Als Mutter, Vater, Stiefeltern – selbst als Arbeitgeber – sind wir es gewöhnt, Leute zu ertappen, wenn sie etwas falsch machen, und sie deshalb zu kritisieren. Aber der schnellere und wirkungsvollere Weg, Verhalten zu verbessern, besteht darin, Menschen zu ertappen, wenn sie etwas *richtig* machen, und sie darin zu bestätigen. Viele Menschen zerbrechen selbst als Erwachsene daran, dass ständig auf das verwiesen wird, was sie falsch machen. Das ist eine Tragödie. Wenn das Ohr nie ein Lob hört, verliert das Herz den Willen, etwas zu versuchen.

Wenn das Ohr nie ein Lob hört, verliert das Herz den Mut, etwas zu versuchen.

Wenn Sie den Hang haben, Leute dabei zu ertappen, dass sie etwas richtig machen, dann haben Sie viele Gelegenheiten zu ermutigen, selbst wenn das nicht so einfach ist.

Die betagte Großmutter kam, um ihrem Enkel am Sporttag der Schule zuzusehen. Tom schaffte es nicht in den Endlauf über 100 oder 200 Meter; und auf den Langstrecken konnte er sich auch nicht qualifizieren. Eigentlich sah er nur beim Eierlaufen einigermaßen gut aus, aber selbst hier wurde er Letzter. Als Tom mit seiner Großmutter nach Hause ging, ließ der Junge den Kopf hängen. Seine Großmutter legte den Arm um ihn und flüsterte: „Du warst der Einzige, dem das Ei nicht vom Löffel gefallen ist."

Dieser Junge ist wohl nie ein großer Sportler geworden, aber wider alle Erwartungen erreichte er große Dinge in anderen Bereichen des Lebens. Und das überrascht mich nicht …

Mit solch einer Großmutter kann man ja fast nicht versagen.

Praktische Schritte

➠ Schreiben Sie einen Brief an Ihre Eltern und jedes Ihrer Kinder – und auch an weitere Verwandte, die Ihnen besonders viel bedeuten – und erzählen Sie ihnen, wie viel sie Ihnen bedeuten.

➠ Legen Sie eine ermutigende Notiz in die Schulbrotdose Ihres Kindes oder legen Sie eine auf das Kopfkissen Ihres Partners.

➠ Kaufen Sie einen Familienkalender (mit einer Spalte pro Person) und ein paar witzige Aufkleber und nutzen Sie ihn als Belohnungstabelle – für die ganze Familie – einschließlich Mama und Papa! (Sie können den Kalender natürlich auch gemeinsam selbst gestalten.)

➠ Ertappen Sie Ihr Kind dabei, wie es etwas richtig macht. Wenn Ihnen die Ideen fehlen, sind hier ein paar für den Anfang:
– sich selbst anziehen können
– tierlieb sein

- einen guten Witz erzählt haben
- etwas Nettes für einsame Menschen tun
- sich an die Namen von Leuten erinnern
- ein guter Freund sein
- etwas ehrlich zugeben
- bei etwas helfen, ohne darum gebeten worden zu sein

Das ist auch gegenüber dem Ehepartner eine gute Strategie!

Lebensweisheit vier

Entscheiden, *wie* ich erziehen will

Wenn ich mit Leuten über Erziehung diskutiere, deren Kinder mittlerweile erwachsen sind, habe ich oft den Eindruck, dass widersprüchliche Gefühle im Spiel sind. Einerseits ist man wirklich erleichtert, dass man es letztlich geschafft hat, die Illusion zu erzeugen, die Kinder seien nun aus dem elterlichen Nest heraus (dass das wirklich geschieht, ist normalerweise ein wenig komplizierter). Andererseits gibt es auch den geheimen Wunsch, doch noch einmal auf sie Einfluss nehmen zu können.

Dieses zweite Gefühl ist ausgesprochen flüchtig. Denn es verbindet sich mit der quälenden Überzeugung, dass wir, selbst wenn wir die Jahre zurückdrehen und versuchen könnten, all die alten Fehler zu berichtigen, eine ganze Reihe neuer Fehler machen würden. Trotzdem verbinden sich, zumindest für eine Weile, Nostalgie und Schuldgefühl und führen zu Kommentaren wie: „Beim zweiten Versuch wäre ich strenger – er müsste ganz sicher mehr im Haushalt helfen. Ich habe seiner Frau damit keinen Gefallen getan." Oder vielleicht: „Oh, ich war einfach zu streng. Ich merke jetzt, dass ich ihn manchmal überfordert habe. Beim nächsten Mal wäre ich nachsichtiger."

Die Schwierigkeit mit dieser Art von Rückblick ist, dass er meist vergeblich ist. Ganz sicher lohnend dagegen ist es, nach vorn zu blicken und zu überlegen, wie wir unsere Kinder begleiten und erziehen wollen, solange noch

Zeit ist, etwas zu ändern. Die Wahrheit ist: Die wenigsten Eltern entscheiden sich bewusst für einen Erziehungsstil. Wir reagieren einfach aus dem Augenblick heraus – und das ist dann unser Erziehungsstil. Das heißt aber nicht unbedingt, dass wir es richtig machen.

Natürlich ist die große Frage: Sind manche Erziehungsmethoden besser als andere? Was bewirken Sie bei den Kindern?

Schock auf der Entbindungsstation

Die junge Mutter hielt ihr Neugeborenes im Arm, ihr Mann stand etwas unbeholfen daneben, unsicher, ob er das kostbare Bündel auch halten konnte, ohne es fallen zu lassen.

„Also, da ist noch eine Kleinigkeit, bevor Sie die Säuglingsstation verlassen", sagte die Hebamme.

Die Mutter sah erschöpft aus; sie hatte gepresst, gezogen, gehechelt, in die Hand ihres Mannes gebissen und kurz davor gestanden, Wörter zu benutzen, die sie seit ihrer Schulzeit nicht mehr gebraucht hatte. Was kam denn nun noch?

Die Hebamme lächelte. „Es dauert nicht lange. Sie müssen nur noch Ihren Erziehungsstil wählen. Ich gebe Ihnen beiden dann schnell noch die entsprechende Spritze und schon können Sie sich auf den Weg machen."

„Erziehungsstil?", fragte der Vater zurück. „Kann sich das nicht einfach klären, wenn wir unser Kind erziehen?"

„Ganz sicher nicht", sagte die Hebamme. „So hat man

das früher gemacht, aber heutzutage legen wir das lieber vorher fest, bevor Sie Ihr Baby mit nach Hause nehmen." Mit diesen Worten zog sie eine große Schublade auf und nahm kleine Schachteln und eine große Spritze heraus.

Der frisch gebackene Vater fiel fast in Ohnmacht. „Keine Angst", sagte die Hebamme. „Das werden Sie fast nicht spüren. Welche hätten Sie denn gern?"

Die junge Mama war den Tränen nah. „Ach, welche würden Sie denn empfehlen?", sagte sie.

„Oh, das kann ich nicht für Sie entscheiden", meinte die Hebamme. „Ich kann Ihnen nur sagen, was die verschiedenen Injektionen auslösen und ob es irgendwelche Risiken und Nebenwirkungen gibt."

„Welche Möglichkeiten gibt es denn?", fragte der Vater.

„Mal sehen", antwortete die Hebamme und las die Beschreibung auf einer Schachtel. „Das hier ist zum Beispiel eine Depotdosis Überfürsorglichkeit – wirkt ein Leben lang."

„Und wie wirkt die?", fragte die Mama.

„Nun", sagte die Hebamme, „im Grunde packen Sie das Kind in Watte. Sie nehmen es nicht im Kinderwagen raus, wenn es zu kalt, zu heiß oder zu windig ist. Sie lassen es nicht mit Kindern spielen, deren Nase läuft oder wenn gemunkelt wird, dass es in deren Familien Läuse gibt.

Wenn das Kind größer wird, richten Sie alles so ein, dass selbst unwahrscheinlichste Gefahren ausgeschlossen sind. Die Teilnahme an wilden Sportarten erlauben Sie nicht, auch nicht das Spielen an Orten, die ein wenig schmutzig sind. Natürlich auch keine Süßigkeiten. Noch im Teenageralter bringen Sie das Kind im Auto zur Schule – auch *wenn die gleich um die Ecke liegt. Und selbstverständlich suchen Sie die Freunde Ihres Kindes aus. So können Sie vermeiden, dass es mit Kindern zusammen ist, die rauchen, fluchen oder ihre Hausaufgaben nicht rechtzeitig fertigbe-kommen."*

Das junge Paar sah sich an. „Was denkst du?", fragte die Mama ihren Mann.

„Tja, ich meine, das wäre in Ordnung", antwortete er. „Da ist unser Sohn zumindest immer geschützt." Er wandte sich an die Hebamme. „Gibt es denn irgendwelche Nebenwirkungen?"

Die Hebamme drehte die Schachtel um und las die Informationen auf der Rückseite. „Nebenwirkungen ... hm ... Oh, da ist es:

Nach Verabreichung des Präparates verläuft alles weit-gehend gut, bis ins Teenageralter. Bis zu diesem Alter ha-ben einige Kinder eine zunehmende Abneigung gegen ihre Eltern entwickelt. Vereinzelt traten Fälle auf, in denen Teenager ihre Eltern anschrieen: ‚Kapier's endlich, ich bin sechzehn. Ich will nicht, dass du mich von der Party ab-holst und mir eine warme Jacke mitbringst.'

Selbst in Fällen, in denen keine Probleme im Teen-ageralter auftreten, kommt es häufig später zur völligen Katastrophe, wenn das Kind das Elternhaus verlässt. Vie-le verfallen einem von Sex, Drogen und Rock-and-Roll bestimmten Lebensstil. Andere werden vom Bus überfah-ren, wenn sie zum ersten Mal versuchen, allein über die Straße zu gehen."

„O", sagte die Mama, „das taugt nichts. Es ist doch unsere Aufgabe, ihn auf das Leben vorzubereiten, das ihn *erwartet, wenn wir nicht da sind, um auf ihn aufzupassen."*

„Ja, genau", sagte der Vater. „Die da wollen wir nicht."

„Gut", sagte die Hebamme und nahm eine andere Schachtel. „Wie wäre es mit Alles-ist-erlaubt?"

„Wie wirkt die denn?", fragte der Vater.

Die Hebamme las die Rückseite der Schachtel vor:

„Nach der Verabreichung der Spritze werden beide Eltern vom überwältigenden Wunsch erfüllt, ihr Kind um jeden Preis zufriedenzustellen. Ihr Mantra lautet dann: Wenn es etwas will, soll es das auch bekommen. Sie reagieren immer sofort bei jedem Laut des Säuglings und bringen ihm jedes Mal die Rassel zurück, wenn er sie aus der Wiege geworfen hat. Wenn das Kleinkind an die Rückseite des Sofas der Nachbarn pinkeln möchte, werden Sie es nicht bestrafen oder ihm sagen, dass es das nicht mehr tun soll.

Mit zunehmendem Alter wird es den Eindruck gewinnen, dass es der Mittelpunkt des Universums ist und andere Menschen nur existieren, um es glücklich zu machen. Die Eltern werden sich jedes Mal beim Rektor beschweren, wenn ein Lehrer das Kind auch nur ansatzweise unglücklich macht – wenn er beispielsweise tadelt, dass eine Hausaufgabe nicht rechtzeitig fertig wird.

Kommt das Kind ins Teenageralter, entwickeln die Eltern den unwiderstehlichen Wunsch, seine besten Freunde zu sein. Das bedeutet, dass sie zu praktisch allem Ja sagen, was das Kind von ihnen möchte: Geld, spät nach Hause kommen oder mit fünfzehn die ganze Nacht wegbleiben. Sie werden das Kind als reifen Erwachsenen behandeln, ihm erlauben, zu rauchen und zu trinken, auch wenn es noch zu jung dafür ist, und sich nicht allzu sehr aufregen, wenn sie ab und zu einen Joint im Kinderzimmer finden."

„Ich finde, das klingt gar nicht gut", sagte die Mutter.

„Ja, überhaupt nicht", sagte der junge Papa. „Ich möchte eine enge Beziehung zu meinem Sohn haben, aber ich muss nicht der beste Freund sein – ich bin ja schließlich sein Vater. Mein alter Herr schrie mich immer an, wenn ich spät heimkam. Er drohte mir einen Monat Hausarrest an, wenn er mich beim Rauchen erwischen würde. Und als ich einmal meinte, ich sei zu müde, um für meinen Samstagsjob aufzustehen, kommandierte er: ‚Aufstehen, aber plötzlich.'"

„Nun, das sind klare Worte, junger Mann", sagte die Hebamme und nahm eine andere Schachtel. „Vielleicht mögen Sie diese lieber." Sie hielt die Schachtel hoch, sodass man die Aufschrift sehen konnte: „Totale Kontrolle".

„Sie wirkt ein wenig wie ‚Überfürsorglichkeit', aber es ist noch ein bisschen Schnickschnack dabei." Sie überflog den Beipackzettel. „Also, mal sehen ... ach, hier:

Nach einmaliger Gabe einer Dosis wollen die Eltern jede Einzelheit im Lebens ihres Kindes kontrollieren: wie es sich anzieht, mit wem es spielt, welche Hobbys und welche Schulfächer es wählt, welche Freunde es hat, die Berufswahl und was für ein Dreirad, Fahrrad, Auto oder Springseil es bekommt. Diese Eltern wollen, dass alles so läuft, wie sie es wollen."

„Welche Nebenwirkungen gibt es?", fragte der Papa.

„Schauen wir mal", sagte die Hebamme. „In manchen

Fällen kommt es dazu, dass das Kind die Eltern schließlich hasst und gar nicht schnell genug aus dem Elternhaus ausziehen kann. Es rebelliert mit siebzehn, schließt sich einer Gruppe Herumtreiber an und die Eltern sehen es nicht wieder, bis es Mitte vierzig ist und in einer Kommune in einem Slumviertel lebt."

Die Hebamme spürte, dass sie dabei war, die Schlacht zu verlieren, und griff eine andere Schachtel. „Die ist vielleicht besser", sagte sie. „Wie wäre es mit einer Injektion Unerreichbar-hohe-Maßstäbe? Mit der ist nichts, was das Kind je tun wird, gut genug; die Eltern kritisieren alles. Die unterschwellige Botschaft lautet: Wenn etwas wert ist, getan zu werden, dann ist es auch wert, dass man es perfekt macht. Und: Niemand erinnert sich an den Zweitplatzierten.

Ich ahne schon, was Sie fragen wollen", fuhr sie fort und suchte nach dem Abschnitt über die Nebenwirkungen. „Also gut, hier haben wir's:

In einigen Fällen endet das Kind als völliger Versager und kann sich nicht einmal an seinen Erfolgen freuen, weil es fürchtet, dass es das nächste Mal alles noch besser machen muss. Mit zunehmendem Alter gibt es entweder völlig auf oder es ist derart perfektionistisch, dass es die Familie verrückt macht und Freunde zu Tode langweilt. Als Erwachsener ist es kaum je mit seinem Leben zufrieden und kann nicht glauben, dass es geliebt werden könnte, wie es ist."

Mit diesen Worten griff die Hebamme nach einer weiteren Schachtel, aber der junge Mann hob abwehrend die Hand:

„Schauen Sie, ich möchte nicht unhöflich wirken, und mir ist klar, dass wir eben erst Eltern geworden sind und kaum etwas darüber wissen. Aber wir wissen auf jeden Fall, dass wir nichts von alledem möchten.

Wir wollen nicht überfürsorglich sein, aber doch vorsichtig. Wir wollen unserem Sohn nicht alles erlauben, aber doch das, was für ihn gut und förderlich ist. Und wenn er seinen Job verliert, weil er immer zu spät kommt, dann werde ich ihm sagen, dass das im wirklichen Leben eben so ist – und ich werde ihm kein Geld zustecken, damit er trotzdem mit seinen Freunden ausgehen kann.

Mein Sohn wird eine Menge guter Freunde haben, aber nur eine Mutter und einen Vater, und wir müssen darauf vorbereitet sein, auch unangenehme Dinge zu sagen – selbst wenn das bedeutet, dass man sich manchmal verkracht.

Ich will nicht alles kontrollieren, aber ich möchte konsequent sein. Und auch wenn unser Sohn, wenn er älter wird, viele eigene Entscheidungen treffen muss, soll er doch wissen, was ich für ihn für das Beste halte. Mir ist aber auch klar, dass er meinen Rat vielleicht nicht annehmen wird. Auf jeden Fall soll er wissen, dass ich immer für ihn da sein werde.

Und schließlich will ich auch nicht zu kritisch sein. Ich will, dass wir ermutigend sind. Und wenn er Zweiter wird oder auch Letzter – und er hat sein Bestes gegeben – dann soll er wissen, dass ich stolz auf ihn bin. Ich bin nicht blöd – natürlich will ich, dass er sein Potenzial nutzt. Aber vor allem soll er wissen, dass wir ihn in jedem Fall lieben."

Die Hebamme stand da und starrte auf die Schachteln

mit den Injektionen in ihren Händen und einen Augen-
blick lang dachte das junge Paar, sie wäre verärgert. Aber
sie lächelte und sagte: „Die Schachteln sind übrigens alle
leer. Das ist so ein kleines Verwirrspiel, das ich mit allen
frischgebackenen Eltern mache.

Sie haben eine gute Wahl getroffen – freuen Sie sich an
Ihrem Sohn."

Die Hebamme in dieser Szene scheint eine ganze Reihe
von Möglichkeiten anzubieten. Aber in Wirklichkeit gibt
es im Wesentlichen drei Erziehungsstile:

Autoritär

Autoritäre Eltern wissen, wie sie etwas durchsetzen. Typische Kommentare gegenüber den Kindern lauten: „Mach
das jetzt einfach!" oder: „Das Warum braucht dich nicht
zu interessieren – du machst das, weil ich es gesagt habe!"
oder: „Solange du unter meinem Dach lebst, wirst du niemals dies oder das tun/so etwas anziehen/diese Art Musik
hören."

Wollte man die Familie mit der Armee vergleichen, wären die Eltern hier die Oberstabsfeldwebel. Sie erwarten,
dass ihren Befehlen sofort Folge geleistet wird, und ermutigen niemanden zu einer Diskussion darüber.

Nachsichtig

Diese Eltern sind in gewisser Hinsicht das Gegenteil des autoritären Typs. Sie mögen es nicht, Grenzen zu bestimmen oder sie durchzusetzen, und sie gehen Auseinandersetzungen aus dem Weg. Sie sind oft warmherzig und nehmen ihre Kinder an, fordern aber selten viel im Blick auf angemessenes Verhalten.

Wenn das Kind autoritärer Eltern ein Bonbonpapier, Schuhe oder einen Kaugummi vor dem Fernseher zurücklässt, kann es damit rechnen, angebrüllt zu werden und eine Woche Hausarrest zu bekommen. Das Kind nachsichtiger Eltern braucht nicht nur keine Rüge zu erwarten, sondern kann wahrscheinlich sogar damit rechnen, dass seine Eltern ihm alles hinterherräumen.

Autoritativ

Eltern dieses Typs glauben, dass Grenzen wichtig sind. Sie achten aber darauf, dass sie sich nicht wegen Unwichtigem selbst ins Aus manövrieren. Es ist unwahrscheinlich, dass sie wegen Nebensächlichkeiten an die Decke gehen, aber andererseits sind sie streng im Blick auf Dinge wie etwa den Zeitpunkt, wann das Kind zu Hause sein soll, oder dass erst die Hausaufgaben gemacht werden, bevor das Kind fernsehen darf. Sie nehmen sich Zeit, um zu erklären, warum die Regeln, die sie aufgestellt haben, wichtig sind, und sind bereit, andere Meinungen anzuhören. Ihre Kinder wissen, dass sie angenommen und geliebt sind,

aber sie wissen auch, dass Mama und Papa keine Leicht-
gewichte sind. Die Kinder werden ermutigt, selbstständig
zu werden.

Bei den autoritativen Eltern weiß das Kind, dass es
geliebt und bestätigt wird. Es hört von seinen Eltern oft
Sätze wie: „Ich hab dich lieb"
oder: „Gut gemacht." Auch wenn
das Kind Grenzen austestet, suchen die Eltern nach Methoden,
wie sie es bestätigen können. Kurz
gesagt: Das Kind entwickelt Si-

*Familienregeln geben dem
Kind Sicherheit – wenn sie
auch eingefordert werden.*

cherheit, weil es weiß, dass seine Eltern trotz der Wünsche, die sie an es haben – vielleicht im Blick auf Benehm-
men oder Leistungen –, es doch bedingungslos lieben.

Zu Hause gibt es so wenig Regeln wie möglich. Aber
das Kind weiß, dass die Regeln, die gelten, wichtig sind
und das Nichteinhalten Folgen hat. Viele dieser Regeln
wurden zwischen den Familienmitgliedern abgesprochen.

Jedes Elternteil mag seine eigene Sicht davon haben,
welche Rolle Strafen und Disziplin spielen sollten. Aber
Regeln einzufordern, ist nicht lediglich eine Frage der
Strafen, sondern der Sicherheit. Es gibt keinen schnelle-
ren Weg, um bei einem Kind Unsicherheit zu erzeugen, als
wenn es glaubt, es gäbe keine Grenzen – oder wenn es sie
gibt, niemand frage danach, ob sie überschritten werden.
Ich sah einmal einem Blinden zu, der einen langen Krankenhausflur entlangging. Er tastete sich mit seinem Blin-
denstock an der Wand entlang. Nach einer Weile hörte er
damit auf, weil er wusste, wo die Wand war. Als er aber
beinahe den gesamten Gang entlanggegangen war, sah

ich, wie er wieder den Stock nahm und damit ein paarmal nach der Wand tastete. Er wollte sehen, ob sie noch da war – testen, wo die Grenze war. Unsere Kinder testen ebenfalls die Grenzen und stoßen ab und zu ein wenig gegen sie, um zu sehen, ob sie noch da sind. Sie fühlen sich tatsächlich sicherer, wenn sie wissen, dass sie vorhanden sind. Auch wenn es oft anstrengend und enttäuschend ist – aber es ist eine Hauptaufgabe aller Eltern, unseren Kindern beizubringen, dass Grenzen eine Rolle spielen.

Eine Mutter versucht es einmal anders

Wir sehen uns einmal eine typische Szene in einer Familie an und beobachten dabei verschiedene Erziehungsstile in der Praxis.

Charlie ist fünf und war bei seinem Freund Tom auf der Geburtstagsfeier. Sarah, seine Mutter, kommt fünf Minuten zu spät, um ihn abzuholen.

In dem Moment, in dem sie das Haus der Freunde betritt, sieht sie, dass Charlie wieder mal schlechte Laune hat. Er schreit sie vor den anderen Müttern an: „Wo bist du gewesen?", und er weigert sich, sich bei Toms Mutter für die Einladung zu bedanken oder sich auch nur von den anderen Kindern zu verabschieden. Er stapft aus dem Haus in Richtung Auto. Sarah braucht fünf Minuten, bis sie ihn in seinem Kindersitz hat, und als sie es endlich geschafft hat, schlägt er sie und wirft dabei ihre Brille herunter.

Sarah ist von Haus aus eine nachsichtige Mutter. Sie

besticht, beschwatzt und bittet Charlie manchmal buch-
stäblich, sich zu benehmen. Wenn sie die Situation so angeht wie gewohnt, verläuft das Gespräch etwa folgender-
maßen:

„Charlie, du tust mir wirklich weh, wenn du mich so
haust. Mami ist darüber sehr traurig und möchte nicht,
dass du so etwas noch einmal tust. Und wenn du das
nächste Mal Toms Mutter siehst, dann will ich, dass du
dich bei ihr für das Fest bedankst."

„Nein, das mache ich nicht! Und ich hasse dich!" Und
dabei gibt Charlie Sarahs Sitz einen Tritt, der sie beinahe
durch die Windschutzscheibe katapultiert.

„Lass das, Charlie ..."

Sarahs Freundin Chloe ist *autoritär*. Sie wird laut. Und
bei gewissen Gelegenheiten ist Sarah versucht, ihren Stil
auszuprobieren. Wenn sie das tut, dann läuft die Sache
etwa so ab:

Sarah schleift Charlie an seiner neuen Jacke die Auf-
fahrt hinunter und schreit: „Du redest in diesem Ton nie,
nie, nie wieder mit mir!" Charlie wird dann reichlich un-
freundlich auf der Rückbank des Autos abgeladen und
landet irgendwo in der Nähe seines Sitzes.

Zu Hause angekommen fällt Sarah wahrscheinlich
in ihren nachsichtigen Stil zurück. Wenn sie beobachtet,
wie Charlie schmollt, beginnt sie sich zu sorgen, dass sie
ihm bleibenden emotionalen Schaden zugefügt hat. Sie
beginnt, sich schuldig zu fühlen, und sagt: „Willst du einen Schokoriegel, Charlie? Komm schon, lass uns wieder
Freunde sein."

Charlie brüllt: „Nein, ich hasse dich." Aber später, als

er sich die Schokolade reinschiebt, lächelt er innerlich. Er hat wieder alles im Griff.

Aber in der Wirklichkeit läuft es weder wie in der einen noch in der anderen Szene, weil Charlie das Pech hat, dass seine Mutter am Tag zuvor eine andere Mutter getroffen hat, die auf einem Elternseminar war. Diese Mutter hat Sarah davon erzählt, was sie über *autoritative* Erziehung gelernt hat. Sarah entschließt sich, das zu versuchen. Sie ist ein wenig besorgt, weil ihre Freundin sagte, sie müsse konsequent sein und dürfe nicht nachgeben, wenn sie erst einmal angefangen habe ...

Kinder müssen wissen, dass sie geliebt sind. Aber auch, dass es Regeln gibt, an die sie sich halten müssen.

Auf der Fahrt nach Hause ignoriert sie Charlies Proteste und Geschrei einfach und auch seine Tränen gegen Ende der Fahrt. Als sie das Haus betritt, beginnt sie unvermittelt, wie üblich aufzuräumen – scheinbar unbekümmert von dem, was gerade geschehen war. Charlie sieht ein wenig verwirrt aus, aber um halb sechs sagt er: „Mami, es ist Zeit, den Fernseher anzumachen für meine Sendung." Ohne sich umzudrehen, sagt Sarah: „Nein, Charlie, heute schauen wir nicht mehr fern." Charlie ist verblüfft. „Wir machen ihn aber immer an!"

„Ja, ich weiß", entgegnet Sarah. „Aber wie du dich vorhin benommen hast, das hat mir nicht gefallen. Ich habe beschlossen: Heute gibt es kein Fernsehen."

Das wirkt. Charlie spult das übliche Programm ab: Er stampft, schreit und wälzt sich schließlich heulend auf dem Boden. Sarah ignoriert all das und räumt das Zimmer weiter auf. Schließlich, als Charlie merkt, dass seine Vorstellung nichts bewirkt, hört er auf zu heulen und sagt: „Es tut mir leid, Mama. Ich mach das nie mehr." Sarah hört augenblicklich mit dem auf, was sie tut, nimmt ihn in den Arm und sagt: „Ich bin froh, dass du dich entschuldigt hast, Charlie. Das ist gut so. Ich hab dich lieb."

Charlie sagt: „Kann ich jetzt meine Sendung sehen, Mama?"

Und jetzt kommt der richtig gute Teil. Sarah wappnet sich innerlich. „Nein, Charlie. Als ich sagte, dass wir heute Abend nicht fernsehen, weil du dich vorhin schlecht benommen hast, da habe ich das auch so gemeint."

Charlie startet sofort wieder sein Programm: Brüllen, Schreien, Sich-auf-dem-Boden-Wälzen.

Als Sarah schließlich den erschöpften Charlie ins Bett bringt, ist auch sie am Ende ihrer Kräfte. Aber während sie den schlafenden Kerl anschaut, denkt sie: „Zum ersten Mal, seit ich Mutter bin, habe ich das Gefühl, dass ich ein klitzekleines bisschen die Zügel in der Hand habe."

Ist nun das Problem mit Charlie gelöst? Nein, noch nicht. Kurzfristig gesehen kann sich sein Verhalten sogar noch verschlimmern. Aber die Reise zu einem besseren Benehmen hat begonnen und in Zukunft muss der kleine Kerl zumindest eine Regel im Leben bedenken: Taten haben Folgen – oder anders gesagt: „Komm deiner Mama nicht blöd, wenn etwas Gutes im Fernsehen kommt."

Sagen, was man meint, und meinen, was man sagt

Autoritative Eltern sind nicht „pingelig" – in der Tat haben sie, wie wir bereits gesehen haben, so wenig Regeln wie möglich – aber wenn ihr Kind eine Linie überschreitet, dann weiß es, dass das Folgen hat. Eine Vierzehnjährige mag sich weigern, den Abwasch zu machen, aber sie wird später entdecken, dass ihr Taschengeld geringer ausfällt als in der Woche zuvor. Kurz gesagt: Bei dieser Art von Erziehung wissen Kinder, dass sie geliebt sind, aber sie wissen auch, dass Regeln gelten. Man kann sich diesen Stil aneignen, selbst wenn er ursprünglich nicht der eigene ist. Und je früher man das tut, umso besser.

Das Problem liegt oftmals darin: Wir versuchen, (vielleicht auch zu viele) Grenzen zu ziehen, wenn unsere Kinder klein sind, aber wir erwarten nie wirklich, dass diese eingehalten werden. Das bedeutet, dass wir schließlich unseren Kindern Bitten vortragen (oder Befehle geben), von denen wir nicht wirklich erwarten, dass ihnen entsprochen wird. Und wenn ihnen nicht entsprochen wird, dann beginnen wir, mit Strafen zu drohen, die wir nicht vorhaben tatsächlich anzuwenden. Das Problem ist: Bei einem „Das nächste Mal, wenn du das machst, dann musst du aber wirklich, wirklich, wirklich in dein Zimmer" hat man so viel „wirklich" eingefügt, dass man gar nicht mehr ausdrücklich sagen muss, dass man sowieso nicht vorhat, etwas zu unternehmen. Das Grundprinzip beim Einfordern von Grenzen ist einfach. Es lautet: „Sagen, was man meint, und meinen, was man sagt."

Denken Sie bitte über folgende Situation nach: Jessica ist sechs und ihre Mutter sagt: „Jessica, es ist fünf vor sechs. Das Essen ist fertig. Bitte leg deine Spielsachen weg, wasch dir die Hände und komm an den Tisch."

Ein paar Minuten später sagt ihre Mutter: „Jessica, ich habe dir doch gerade gesagt: Komm und setz dich an den Tisch."

Etwa zehn Minuten später sagt ihre Mutter mit lauter Stimme: „Jessica, ich werde es nicht noch einmal sagen!"

Aber Jessica denkt sich: „Wirst du doch. Du kommst ja erst langsam in Fahrt. Wahrscheinlich wirst du in zehn Minuten noch mal rufen." Und schließlich gibt es Heulen und Tränen – wahrscheinlich auf beiden Seiten, bei Jessica *und* ihrer Mutter.

> Das Grundprinzip, um Regeln durchzusetzen, ist einfach: Sage, was du meinst, und meine, was du sagst.

Das Problem besteht darin, dass die Mutter beim ersten Mal nicht meinte, was sie sagte. Wir spulen das Band zurück und versuchen es ein wenig anders:

„Jessica, es ist fünf vor sechs. Das Essen ist fertig. Bitte leg deine Spielsachen weg, wasch dir die Hände und komm an den Tisch."

(Keine Reaktion von Jessica.)

„Jessica, wenn du nicht deine Spielsachen weggelegt hast, die Hände gewaschen und am Tisch sitzt, wenn der große Zeiger auf der Zwölf ist, dann gehst du direkt ins Bett ohne Abendbrot."

Und plötzlich liegt Jessica in ihrem Bett, klammert sich an einen Vollkornkeks und denkt: „Was ist denn jetzt passiert?"

Passiert ist, dass ihre Mutter etwas gesagt und es *gemeint hat*.

Die Wahrheit ist: Selbst mit sehr herausfordernden Kindern sind Schlachten leichter zu gewinnen, wenn sie klein sind, aber man muss dennoch bereit sein, die Grenzen zu verteidigen – zu zeigen, dass sie eine Rolle spielen.

Eine Mutter, Sian, erzählte mir eine wunderbare Geschichte. Ihr zweijähriger Sohn machte immer Ärger, wenn sie weggingen. Und manchmal drohte sie, dass sie ihn umgehend nach Hause bringen würde. Sie sagte aber auch, dass sie üblicherweise nachgebe, weil sie Leute besuchen wollten oder einkaufen müssten oder dass sie die Kinokarten bereits gekauft habe.

Aber eines Tages kam ihr ein brillanter Gedanke. Sie nahm ihren Sohn mit, als sie eigentlich gar nicht wegmusste. Dann hielt sie den Atem an und hoffte, er würde sich wieder danebenbenehmen. Als er das tat, drohte sie nicht nur, sondern führte die Drohung auch umgehend aus. Nach zwei oder drei solcher „falschen" Ausflüge hatte er die Botschaft verstanden und sein Verhalten besserte sich enorm.

Es kann die Beziehung zu unseren Kindern revolutionieren, wenn wir einen wirkungsvollen Erziehungsstil finden. Aber kommen Sie nicht gleich ins Schleudern, indem Sie alles von heute auf morgen verändern wollen. Und darf ich Ihnen noch ein Geheimnis verraten? Wenn es um die eigenen Kinder geht, gibt es keine Fachleute – sondern nur Leute, die versuchen, es in ihrer eigenen Familie so gut wie möglich zu machen. Nehmen Sie also aus diesem Buch mit, was hilfreich ist, und schmeißen Sie über Bord, was bei Ihnen nicht funktioniert. Niemand kennt Ihr Kind so gut wie Sie und niemand liebt es so wie Sie. Erziehungsstile wie die, die wir hier betrachtet haben, sind nützlich – und ich möchte Ihnen sehr empfehlen, sie zu bedenken –, aber letztlich müssen allein Sie tun, was für Sie in Ihrer Familie funktioniert.

Zum Ende dieses Kapitels möchte ich noch drei Warnungen aussprechen.

Erstens: Denken Sie bitte nur nicht, dass Sie auf dem nachgiebigen Weg anfangen und dann auf den autoritativen umschwenken können, wenn die Kinder Teenager sind – es ist viel leichter, die Zügel zu lockern, als sie anzuziehen. Wenn Sie kleine Kinder haben, würde ich Ihnen dringend raten, so viel Respekt wie möglich aufzubauen, solange sie klein sind – Sie werden ihn später brauchen.

> *Niemand kennt Ihr Kind so gut wie Sie und niemand liebt es so wie Sie.*

Zweitens: Wenn Sie einen Partner haben, dann stimmen Sie sich ab, um Grenzen festzusetzen und einzufordern. Es hat nicht viel Sinn, wenn Mama den Sechsjährigen früh ins Bett steckt, damit er seine Lektion lernt, wenn Papa dann nach der Arbeit geradewegs ins Kinderzimmer geht und sagt: „Mach dir nicht draus, Sohnemann – an mir hat sie auch immer was auszusetzen."

Und zum Schluss: Vergessen Sie eines nicht: Egal, welchen Erziehungsstil Sie wählen – das Allerwichtigste ist, eine gute Beziehung zu Ihrem Kind aufzubauen – lachen, weinen, spielen, erzählen.

Regeln ohne Beziehung führen zur Rebellion.

Praktische Schritte

➡ Sprechen Sie mit Ihrem Partner – oder wenn Sie alleinerziehend sind, mit einer Freundin – über Erziehungsstile. Welches ist Ihr persönlicher Stil? Denken Sie, dass ein Wechsel helfen könnte?

➡ Ist es für Ihr Kind leicht, Sie gegeneinander auszuspielen? Falls Sie keinen Partner haben: Spüren Sie, dass andere Menschen, die für Ihr Kind wichtig sind – Großeltern, Freunde oder Tagesmütter – Sie unterstützen?

➡ Fragen Sie sich, ob es hilfreich sein könnte, ein Erziehungsseminar zu besuchen. Jeder kann etwas lernen. (Viele Männer sagen uns, dass sie mitgeschleppt wurden, es dann aber doch toll fanden!)

➡ Streben Sie nicht nach Vollkommenheit. Lesen Sie den Brief eines Rektors, den er Kindern gern am ersten Schultag mit nach Hause gab:

Liebe Eltern,
wenn Sie versprechen, nicht alles zu glauben, was Ihnen Ihr Kind über die Schule erzählt, verspreche ich, nicht alles zu glauben, was es mir über sein Zuhause sagt.

(Die meisten Eltern waren bereit, dieses Abkommen mit Blut zu unterzeichnen.)

Lebensweisheit fünf

So sehr lieben,
dass man loslassen kann

Manchmal höre ich Eltern sagen: „Ich würde für meine
Kinder sterben." Und in vieler Hinsicht ist das Ziel der
Erziehung, die Kinder auf diesen Tag vorzubereiten: Wir
müssen dafür sorgen, dass sie in der Lage sind, *ohne uns*
zu leben. Dennoch ist bei manchen Eltern der Wunsch,
ihre Kinder zu beschützen, so stark, dass sie diese unge-
wollt völlig von sich abhängig machen. Damit versäumen
sie eine der grundlegendsten Aufgaben einer Mutter oder
eines Vaters.

Dianne und ich haben gerade eine E-Mail erhalten. Unsere Freunde haben ein Baby bekommen. Dieses Kind ist
völlig abhängig von seinen Eltern.
Mit ihren 3700 Gramm kann die
Kleine nur überleben, wenn die
Eltern beinahe jeden Bereich ihres jungen Lebens kontrollieren.
Aber nicht nur unsere kleinen Kinder wollen wir beschützen. Der
Wunsch, zu fördern, zu schützen und das Beste für sie zu
erreichen, gilt allen unseren Familienmitgliedern.

Eine Hauptaufgabe von Eltern: Die Kinder darauf vorzubereiten, auch ohne die Eltern leben zu können.

Aus diesem wunderbaren Wunsch entspringt tragischer-
weise oft ein Zwang, der Beziehungen zerstören kann.

James ist fünfzehn. Als seine Mutter ihm zum ersten
Mal anbot, ihn zur Party bei Freunden zu fahren, fand er

das nett. Aber dann bestand sie darauf, ihn praktisch immer zu bringen und zu holen, wenn er etwas unternahm; war es der Sport, irgendwelche Treffen, die Schule oder was auch immer.

So war es auch, als sie ihm ein Handy kaufte. Er hielt das für großzügig. Dann aber wollte sie, dass er alle zwei Stunden anrief, um ihr zu sagen, wo er sei und dass alles in Ordnung sei. Und nun hatte sie gelesen, dass es ein Handy gibt, das zusätzlich ein paar besondere, wundervolle Funktionen besitzt wie einen GPS-Sender, mit dem man 24 Stunden täglich bis auf 50 Meter genau orten kann. Sie sagte, dass sie das gerne für ihn kaufen möchte.

Eines Abends belog James seine Mutter mit der Auskunft darüber, wo er hinging; und er rief auch nicht an, dass alles in Ordnung sei. Als er heimkam, hatte sie alle seine Freunde angerufen und entdeckt, dass er gelogen hatte. Er bekam eine Woche Hausarrest.

Ben und Emma sind seit zwei Jahren verheiratet und mindestens einmal pro Woche kommt Bens Mutter Esther kurz vorbei, um „eins von Bens Lieblingsessen" vorbeizubringen. Sie sagt, sie tue das, „damit Emma nach einem langen Arbeitstag mal einen Abend frei hat vom Kochen".

Esther hat nie mitbekommen, wie das Gericht jedes Mal unangetastet in den Mülleimer wanderte; wenigstens musste sie sich nicht darüber aufregen. Damit ist aber auch schon der einfache Teil vorbei. Der wirklich knifflige besteht darin, dass Ben den Mut aufbringt, seiner Mutter zu sagen, dass er nun wirklich verheiratet ist und dass ihr Verhalten, auch wenn es freundlich gemeint ist, es Emma und ihm schwer macht, ihr eigenes Leben zu leben.

Von Angst getrieben

Es gibt viele Gründe, warum Familienmitglieder einander kontrollieren wollen. Der wohl verständlichste ist Angst. Dieses Gefühl kann man manchmal auch in der Beziehung zwischen Ehepartnern beobachten.

Neils Ehe mit Claire ist kurz vor dem Auseinanderbrechen. Beim Eheberater erzählt sie, dass sie jahrlang unter dem Misstrauen ihres Mannes gelitten habe. Sie sagt: „Es frisst ihn auf, dass er glaubt, ich könnte eine Affäre beginnen. Er hat überhaupt keinen Grund, das zu vermuten, aber er lässt mich nicht einmal mit einem anderen Mann reden, wenn er nicht dabei ist. Ich habe ihn ertappt, wie er meine Handtasche durchwühlte, und er will wissen, wo ich jede Minute am Tag bin."

Der Berater wendet sich Neill zu. „Sehen Sie das auch so?"

Neil nickt. „Sie hat recht. Ich kann einfach nicht anders. Als meine Mutter 40 wurde, hat sie uns für einen Kollegen aus ihrem Büro verlassen. Claire ist jetzt 39."

Auch in der Eltern-Kind-Beziehung kann Angst das Klima beherrschen. Und wenn wir realistisch sind, ist das heutzutage für Eltern nicht schwer – schließlich gibt es viele Dinge, die einem Sorgen machen können. Zum Problem wird das aber, wenn wir die Grenze zwischen normaler, gesunder Sorge im Blick auf unsere Kinder und der zerstörerischen, ständig an uns nagenden Angst um die, die wir lieb haben, überschreiten. Und das nimmt kein Ende: Kaum ist eine Gefahr entschärft, erhebt sich auch schon eine neue.

Man kann gut verstehen, dass das Eltern mit ganz besonders herausfordernden Kindern passiert. Tragisch wird es, wenn dieses Gefühl sich unkontrolliert entwickelt. Dann denken Eltern auch von ihren Kindern, die nur das übliche Maß an Widerstand an den Tag legen oder kleinere Aufstände proben, dass sie dabei seien, ihr Leben für immer zu ruinieren. Diese Angst treibt solche Eltern dazu, ihre Kinder wieder wie Babys zu behandeln – sie halten jede mögliche Bedrohung fern, indem sie das ganze Leben ihrer Kinder kontrollieren. Manche dieser Kinder können später als Erwachsene nie den Argwohn, das Gefühl von Enttäuschung und Versagen vergessen, das die Angst der Eltern ihnen gegenüber erzeugte.

„Greifen, angehen, ändern"

Als unsere Kinder klein waren, liebten sie die „Mr. Men"-Trickfilme, und ich muss zugeben, dass ich mich am meisten mit Mr. Sorge identifizierte. Er macht sich über alles und jedes Sorgen. Und wenn es mal einen Tag lang überhaupt nichts gibt, was ihn beunruhigt, dann redet er sich ein, dass er etwas übersehen hat, und darüber ist er dann so richtig besorgt. Es besteht die Gefahr, dass wir als Eltern leben wie Mr. Sorge. Mark Twain sagte: „Die meisten meiner Tragödien widerfuhren mir selbst nie." Twain hat recht; und solange wir uns nicht vor Augen halten, was er sagt, machen wir uns so mit der Sorge darüber kaputt, was geschehen *könnte*, dass wir keine emotionale Kraft übrig haben, um mit den Herausforderungen umzugehen, die uns tatsächlich begegnen. Diese Schlacht spielt sich oft im Kopf ab.

Ich stelle gewöhnlich fest, dass sich meine Sorgen vervielfachen, wenn meine Gedanken mit mir durchgehen. Eines meiner Kinder soll seit zehn Minuten zu Hause sein – und schon bald höre ich Krankenwagensirenen heulen. Oder ich finde vielleicht eine Kippe unter Lloyds Bett – und augenblicklich stelle ich mir vor, wie er auf der Straße Drogen kauft und auch Katie mit hineinzieht.

Machen Sie sich keine Sorgen, was andere von Ihren Erziehungskünsten halten. Sie müssen keinen Erziehungs-Oscar gewinnen.

Aber dann erzählte mir ein befreundeter Psychologe von „Greifen, widerlegen, ersetzen" – einer Vorgehensweise, die davor bewahrt, dass die Gedanken auf Reisen gehen. Das funktioniert einfach so, dass man sich den ersten negativen Gedanken, der einem in den Sinn kommt, greift und ihn hindert, auszuufern; dann widerlegt man ihn: „Nein, das ist nicht die Wirklichkeit", und schließlich ersetzt man ihn mit etwas Vernünftigerem: „Das ist nur eine Kippe und keine Heroinspritze. Ich muss mit ihm darüber reden, aber das ist eine Phase, die viele von uns durchgemacht haben." „Greifen, widerlegen, ersetzen" hat mir geholfen, mit ausufernden Gedanken umzugehen, die meine Angst nähren und mich zu mehr Kontrolle drängen wollen.

Das Bedürfnis nach Kontrolle kann viele Wurzeln haben – nicht zuletzt die Sorge darüber, was andere Leute über das Verhalten unserer Kinder, und damit über unsere Erziehung, denken könnten. Wir tun gut daran, diese besondere Sorge möglichst schnell abzulegen. Das Leben ist hart genug; man muss nicht auch noch versuchen, einen Erziehungs-Oscar zu gewinnen.

Zeit, sich ein wenig zurückzuziehen

Zusätzlich zur Angst ist die vielleicht verbreitetste Begründung für den Wunsch nach (oder sogar die Notwendigkeit von) Kontrolle: „Ich will doch nur ihr Bestes." Karen und Jeff haben zwei Kinder. Meg, die Ältere, ist folgsam, fleißig in der Schule und im Blick auf ihre Haushaltspflichten ein Traum. Harry ist zwei Jahre jünger, geht ganz im Football auf, hasst alles, was nach Lesen, Schreiben oder Prüfung riecht und stellt seine Eltern praktisch jede Minute seines jungen Lebens extrem auf die Probe.

Als es bei Harry auf den Schulabschluss zuging, arbeitete Karen länger, damit sie die Nachhilfestunden in fünf Fächern bezahlen konnten. Sie kam oft heim und stellte fest, dass er überhaupt nicht zu den zusätzlichen Stunden gegangen war. Einmal fand sie das Unterrichtsmaterial, das sie für ihn gekauft hatte, unter seinem Bett – es war noch immer unausgepackt.

Eines Abends verkündete Harry, dass er am nächsten Tag seine Kursarbeit in Englisch abgeben müsse, sonst wäre er zu spät dran. Jeff und Karen blieben die halbe Nacht auf, um zwei Aufsätze zu schreiben, während Harry sich auf dem Sofa räkelte, fernsah und gelegentlich hilfreiche Hinweise einstreute, wie etwa im Blick auf die grundsätzliche Richtung, die sie einschlagen sollten. Sie waren erschöpft.

Der Ärger mit Harry betraf nicht nur seine Schulaufgaben. Karen musste ihn auch zu seinen Footballspielen aufwecken, die Footballschuhe finden, die er verlegt hatte, und seine Handyrechnung bezahlen, weil er kein Geld mehr verdiente, seit er seinen Samstagsjob verloren hatte. Sie kam sich vor wie der Akrobat im Zirkus, der rotierende Teller balanciert; Harry saß währenddessen im Publikum und warf ihr jeden Tag neue Teller zu.

Die Schwierigkeit mit der Kontrolle über andere besteht darin, dass zwar die Grundmotivation oft gut sein mag, die Ergebnisse aber fast immer schlecht sind. Jemand sagte einmal: „Richtige Entscheidungen basieren auf Erfahrung und Erfahrung basiert auf falschen Entscheidungen." Wenn wir so viel Kontrolle über das Leben unserer Kinder ausüben, dass wir alles für sie geradebiegen wollen, führt das zu einem Problem: Wir bringen sie um den Lernprozess, der aus den kleinen Rückschlägen folgt.

> *Alles für unsere Kinder geradezubiegen, führt zu einem Problem:*
> *Sie können dann nicht aus Fehlschlägen lernen.*

Das ist für uns Eltern schwer zu begreifen, weil wir unser Leben damit zugebracht haben, unsere Kinder zu schützen und davor zu bewahren, dass sie verletzt werden. Wir beobachten sie, wie sie die Straße überqueren, warnen sie davor, mit Fremden zu reden, achten darauf, was sie essen. Doch wer während seiner Kindheit rundherum verwöhnt wird, betritt die Erwachsenenwelt mit eingeschränkten Fähigkeiten. Neulich hörte ich ein Interview eines Fernsehreporters mit einer Studentin. Sie sprach über ihre Mutter: „Sie ließ mich nirgendwo allein hinfahren, sondern brachte mich immer. Und nachdem sie gehört hatte, dass auf einer Wochenendfreizeit ein Mädchen umgekommen war, weigerte sie sich, auch nur zu erwägen, dass ich auf eine Klassenfahrt mitdürfte. Das Problem ist nur: Ich bin inzwischen 18, wohne nicht mehr zu Hause – und weiß nicht einmal, wie man einen Bus nutzt."

Karen und Jeff, die Eltern von vorhin, werden eines Tages feststellen, dass es Schlimmeres gibt, als dass Harry durch eine Prüfung fällt, ein Spiel verpasst oder nicht genug spart, um seine Handyrechnung zu bezahlen. Er wird als Erwachsener zum ersten Mal die wirklichen Folgen seines Tuns spüren – und dann ist vielleicht niemand in seiner Nähe, der ihm hilft. Dann wird es allerdings nicht um eine Schularbeit gehen, sondern um einen Bericht für seinen Vorgesetzten. Und er wird nicht für ein Footballspiel aufstehen müssen, sondern für seine Arbeit. Und es geht nicht um seine Handyrechnung, sondern um seine Hypothek.

Natürlich ist der Wunsch, „alles hinzubiegen", manchmal nicht ganz so uneigennützig, wie wir es uns ausmalen. Es kann sein, dass wir es mögen, ja, sogar *brauchen*, gebraucht zu werden. Was auch immer der Grund sein mag – das Paket der Gesamtverantwortung, das wir uns aufladen, ist zu schwer, als dass wir es tragen können. Wir werden zu wirkungsvolleren Ehepartnern oder Eltern, wenn wir es ablegen.

Die vielleicht größte Gefahr für eine kontrollierende Persönlichkeit liegt darin, dass sie es erschwert, dass Beziehungen aufblühen. Wir hatten wohl alle schon Freunde, die uns zu kontrollieren versuchten. Sie kommentierten die Art unserer Kleidung und wie wir Auto fuhren. Sie wollten gern unser Leben gestalten und hatten eine Antwort auf jede Verletzung, die wir erlitten. Das Ärgerliche daran ist, dass derartige Beziehungen funktionieren, solange wir uns von unseren Freunden abhängig fühlen; aber früher oder später haben wir ihr Bedürfnis, uns zu kontrollieren, satt. Wenn wir dann anderen erzählen, warum wir sie nicht mehr sehen, sagen wir: „Ich bekam keine Luft neben ihr" oder „Ich hatte das Gefühl, dass ich in seiner Nähe nicht ich selbst sein konnte."

> *Wer andere kontrolliert, verhindert, dass die Beziehung wachsen und gedeihen kann.*

Das kann unseren Kindern auch passieren. Sie sehen die Familie immer weniger als Nest, von dem aus sie losfliegen können, sondern als Gefängnis, aus dem sie entkommen müssen.

Es gibt Menschen, die sich von Natur aus verantwortlich fühlen – für *alles* verantwortlich. Eine Freundin verliert ihren Job und wir denken: „Wie kann ich ihr eine Arbeit verschaffen?" Wir sehen eine Reportage über eine Katastrophe am anderen Ende der Welt und sind traurig, weil wir nicht dort sind, um zu helfen. Freunde heiraten und es regnet und wir denken: „Ich wünschte, ich könnte das für sie ändern." Ob es nun der Arbeitsplatz, das Erdbeben oder das Wetter ist – wir fühlen nicht nur, dass wir helfen möchten, sondern dass wir *in der Lage sein müssten*, etwas zu tun.

Natürlich sind solche Wünsche in gewisser Weise gut. Aber mit einer derartigen Persönlichkeit können Beziehungen in unserer Familie sehr schwierig werden – besonders dann, wenn unser Bedürfnis, Dinge in Ordnung zu bringen, auf das Gespenst der Angst um die Menschen, die wir lieben, trifft.

Wir kommen in einen Zustand, in dem wir uns verantwortlich fühlen für die Fehler, die unser Ehepartner oder unsere Kinder machen. Das veranlasst uns zum Versuch, alle jene Fehler in Ordnung zu bringen – was (wie wir gesehen haben) weder möglich noch manchmal überhaupt wünschenswert ist. Bei unseren älteren Kindern und unserem Partner müssen wir erkennen, dass sie ihre eigenen Entscheidungen treffen – und manchmal sind das eben die falschen.

Natürlich wollen wir die, die wir lieben, beeinflussen, beraten und unsere Ansichten anbieten; wir müssen aber erkennen, dass unsere Rolle beschränkt ist. Wir können *etwas* tun, um zu helfen, aber nicht *alles*. Vor ein paar Jahren wurde ein 82-Jähriger vom Gericht in Cardiff zu sieben Jahren Gefängnis verurteilt. Er protestierte gegenüber dem Richter: „Euer Ehren, ich bin über achtzig. Das bekomme ich nicht mehr hin." Offenbar sah der Richter den Gefangenen über den Rand seiner Brille an und sagte: „Versuchen Sie Ihr Bestes."

Wie auch immer, es gibt einen sehr guten Grund, einem Hang zum Kontrollieren den Kampf anzusagen. Ein alter Hase in Sachen Erziehung drückte es gut aus: „Das Problem, wenn man versucht, seine Kinder zu kontrollieren, liegt in Folgendem: Wenn du versagst, siehst du sie nie wieder; und wenn du Erfolg hast, wirst du sie nie los."

Versuchen Sie Ihr Bestes.

Praktische Schritte

➧ Überlegen Sie, ob es irgendwelche Bereiche im Leben Ihrer Kinder gibt, in denen Sie sie übermäßig vor den Folgen ihres Tuns behüten wollen. Wie könnten Sie ihnen helfen, aus solchen Situationen etwas zu lernen?

➧ Planen Sie ein paar Loslass-Aktionen, abhängig vom Alter Ihrer Kinder:

– Bringen Sie ihnen Ihre Adresse und Telefonnummer bei, aber erklären Sie ihnen, wann und wo sie diese nicht weitergeben sollen.

– Sprechen Sie mögliche Notfallsituationen mit ihnen durch. Wie könnten sie reagieren?

– Planen Sie eine Fahrt mit öffentlichen Verkehrsmitteln.

– Geben Sie ihnen drei Töpfe für ihr Taschengeld (für Ausgeben, Sparen und Spenden), so lernen sie allmählich, Geld einzuteilen.

– Lassen Sie sie etwas Geld verdienen (zum Beispiel durch Übernahme zusätzlicher Haushalts- oder Gartenjobs) und kaufen Sie dann zusammen vom Verdienst Weihnachts- und Geburtstagsgeschenke für die Familie.

– Lassen Sie sie für die Familie kochen. Ältere Kinder könnten das Menü selbst festlegen und die Zutaten einkaufen.

➧ Wenn Sie Englisch sprechen, machen Sie den „Quidz In"-Kurs für Eltern. Er hilft, Kindern einen verantwortlichen Umgang mit Geld zu vermitteln.

Auf *www.quidzin.org.uk* finden Sie Einzelheiten.

LEBENSWEISHEIT FÜNF

➠ Knüpfen Sie das Taschengeld Ihrer Kinder daran, dass bestimmte Aufgaben wirklich gut erledigt wurden – und wenn Ihre Kinder denken, dass das unzumutbar ist, warten Sie ab, bis sie einen Arbeitgeber haben!

Lebensweisheit sechs

Konflikte gut bewältigen

Familien streiten. Sie streiten um Geld und darum, welches Computerspiel wem gehört. Sie streiten um Putzpläne und welcher Fernsehsender eingeschaltet werden soll, über Schwiegereltern, wer den Meerschweinchenkäfig sauber macht und welche Verwandten man an Weihnachten besucht. Sie streiten über Hausarbeiten, schlechtes Benehmen und Sperrstunden ... Familien streiten.

Und das fängt ziemlich früh an, schon mit Kleinkindern und Spielsachen ...

Eigentumsrecht aus Sicht eines Zweijährigen

Wenn es mir gefällt, gehört es mir.
Wenn ich es in der Hand habe, gehört es mir.
Wenn ich es dir wegnehmen kann, gehört es mir.
Wenn ich es vor einer Zeit schon einmal hatte,
gehört es mir.
Wenn ich etwas tue oder baue, dann gehören alle Teile mir.
Wenn es aussieht wie meins, gehört es mir.
Wenn ich es zuerst gesehen habe, gehört es mir.
Wenn du mit etwas spielst und es kurz ablegst,
gehört es automatisch mir.
Wenn es kaputt ist, gehört es dir.

Wenn das traute Heim zum Schlachtfeld wird

Die meisten Konflikte in der Familie sind sowohl unvermeidlich als auch vorübergehend. Wenn Geschwister erwachsen sind, kann man sie sagen hören: „Jetzt kommen wir gut miteinander aus, aber als Kinder waren wir wie Hund und Katz" oder: „Meine Mutter und ich hatten immer wegen jeder Kleinigkeit Krach, aber nun sind wir eher wie gute Freundinnen."

Es ist zwar richtig, dass die meisten Familienkonflikte normal und zeitlich begrenzt sind, aber es ist auch wahr, dass sich manche Familien anscheinend ständig im Konfliktzustand befinden. In diesen Häusern wird laufend geschrien, die Nerven sind angespannt und es hagelt bissige Kommentare. Dann wird die Familie von einer Oase der Ruhe in einer Welt voller Stress zu einem Schlachtfeld mitten darin.

Derartige Konflikte haben üblicherweise einen hohen Preis. Kinder sind zwar oft viel belastbarer, als wir denken mögen, aber wenn sie in einer Familie leben, in der die Konflikte ernsten Charakter haben und nicht gelöst werden, dann können sie das als Bedrohung für sich wahrnehmen und ängstlich werden. Ein Vierzehnjähriger drückte es so aus: „Ich denke, dass alle Kinder das Recht haben sollten, an einem Ort zu leben, wo sie glücklich sind, sich sicher fühlen und geliebt werden. Ich habe mich manchmal nicht so gefühlt, aber ich weiß, dass meine Eltern das nicht so meinen. Es ist halt so, dass sie sich streiten und das auf meinem Rücken austragen."[5]

Manchmal geben Kinder sich selbst die Schuld für Familienstreitigkeiten und ziehen sich zurück oder werden depressiv. Und manchmal lernen Kinder aus solchen Familien nie, wie man mit Konflikten umgeht, und vererben dieselben Probleme, wenn sie selbst Familien gründen.

Wichtiger als die Frage, ob Konflikte in unserer Familie an der Tagesordnung oder die Ausnahme sind, ist die Frage: Wie lösen wir sie? Wenn wir unseren Kindern

> *Wichtig ist nicht, ob es bei uns häufig oder selten Konflikte gibt. Wichtig ist die Frage: Wie lösen wir sie?*

nicht zuhören, ohne sie zu unterbrechen, dann sollten wir auch nicht erwarten, dass sie uns zuhören. Wenn wir in Konfliktsituationen Schimpfworte und persönliche Beleidigungen benutzen, sollten wir darauf gefasst sein, sie auch von unseren Kindern zu hören. Und wenn wir unseren Kindern gegenüber nicht zu Kompromissen bereit sind, dann können wir förmlich dabei zusehen, wie sie lernen, unnachgiebig auf ihrem Standpunkt zu beharren. Das Problem besteht dabei nicht darin, dass unsere Kinder nicht auf uns hören, sondern *dass sie es tun.*

Etwas auf dem Konto haben ...

Starke Familien vermeiden Konflikte nicht; sie entwickeln wirksame Strategien, wie sie mit ihnen umgehen. Aber bevor wir uns einige dieser Strategien ansehen, wollen wir zunächst das Fundament eines guten Umgangs mit Konflikten betrachten: starke Beziehungen.

Stephen R. Covey spricht davon, dass Menschen gegenseitig „emotionale Einzahlungen" in das Leben anderer machen.[6] Er meint damit positive Erfahrungen, die andere mit uns machen. Deshalb habe ich dieses Buch mit der Frage nach der Zeit begonnen – denn um ein derartiges Guthaben aufzubauen, braucht man eine Menge davon. Und oft geschieht das, indem man scheinbar unbedeutende Dinge macht: Geschichten vorlesen, Spiele spielen, dem Sohn bei endlosen Fußballspielen zusehen, zuhören und zu verstehen versuchen, wenn unser Partner seine Sorgen über den Arbeitsalltag mitteilt, für den Ehepartner sorgen, wenn er krank ist, und den Kindern helfen, ein Problem zu lösen, das uns nicht groß erscheint, für sie aber wichtig ist.

„Emotionale Einzahlungen" helfen anderen zu glauben, dass wir sie lieben, ihr Bestes wollen und ihnen zur Seite stehen. Das hat zur Folge, dass sie eher bereit sind, in einem Konflikt auch unsere Sichtweise anzuhören, dass sie von manchen unserer Kommentare nicht so tief verletzt sind und dass sie, falls nötig, uns schneller vergeben. Manchmal müssen wir einander harte Dinge sagen, aber man kann sie leichter annehmen, wenn sie von jemandem kommen, der uns bereits über lange Zeit seine Verbundenheit gezeigt hat. Das Buch der Sprüche sagt: „Die Schläge des Freundes meinen es gut."

Ich erinnere mich an den Tag, an dem ich bei meinem Sohn Lloyd von diesem Guthaben abheben musste. Er war etwa 15 und wir hatten es nicht leicht miteinander. Wir stritten uns, weil ich nicht wollte, dass er wegging, und er darauf bestand. Ich stand ihm in der Tür seines Zimmers im Weg und ließ ihn nicht vorbei. Er trat dicht vor mich hin und einen Moment sah es so aus, als ob wir im nächsten Augenblick handgreiflich werden würden.

Ich trat aus der Tür, setzte mich in der anderen Ecke des Raumes auf einen Stuhl und sagte: „Das habe ich von dir nicht verdient, mein Sohn." Der Weg war frei, er konnte gehen. Und ich fragte mich: „Reicht unsere Geschichte guter gemeinsamer Zeiten aus, damit wir das hier durchstehen?" Er zögerte einen Moment, setzte sich auf sein Bett und wir redeten miteinander.

Die Jahre mit Lloyd als Teenager waren manchmal turbulent. Ich mag mir aber nicht ausmalen, wie sie gewesen wären, wenn wir nicht schon Jahre hinter uns gehabt hätten, in denen wir gemeinsam gelacht, gespielt und geredet hatten; sie haben uns durchgeholfen. Mit anderen Worten: Jahre, in denen wir wieder und wieder auf das emotionale Konto eingezahlt hatten.

Natürlich kann das in Patchwork- oder Stieffamilien besonders schwierig sein. Wenn jemand es plötzlich mit einem dreizehnjährigen Stiefkind zu tun hat, gibt es da nicht viel an emotionalem Guthaben. Dann ist es oft klug, sich darauf zu konzentrieren, durch Anteilnahme und Geduld ein solches Guthaben aufzubauen, statt unvermittelt den eigenen Erziehungsstil anzuwenden.

Was man tun und lassen sollte

Aber eine gute Beziehung allein ist nicht ausreichend. Wir brauchen Strategien, die uns helfen, mit Konflikten umzugehen. Hier sind ein paar Empfehlungen und Warnungen.

1. Greifen Sie Ihr Gegenüber nicht als Person an. Ihr Kind wird damit fertig, wenn Sie sagen: „Also bitte! Wenn du etwas mehr lernen würdest, würdest du aus der 3 eine 2 machen", aber Sie können ihm eine lebenslange Wunde zufügen, wenn Sie sagen: „Wenn du dich nicht am Riemen reißt, bleibst du dein Leben lang ein Versager."

   Ganz ähnlich wird auch Ihre Frau (Ihr Mann) eine Debatte darüber verkraften können, dass sie (er) den Zahnarzttermin Ihrer Tochter versäumt hat. Aber Sie können sich auf anhaltenden Ärger gefasst machen, wenn Sie anfangen, Sätze wie diesen von sich zu geben: „Du bist eine erbärmliche Mutter." („Du bist als Vater einfach unbrauchbar.")

2. Vergleichen Sie nicht: „Ich wünschte, du wärst mehr so wie Carolas Mann." (Es kann gut sein, dass Carola im Gegenzug in Tagträumen an Ihren Mann denkt.) Und Eltern, die Geschwister vergleichen, können Keile zwischen sie treiben, von denen sich diese Kinder nie wieder erholen, auch nicht als Erwachsene.

3. Übertreiben Sie nicht. Verwenden Sie keine absoluten Aussagen: „Du bist nie …", „Du machst immer …", „Du bist der schlechteste …"

4. Bagatellisieren Sie nicht. Manchmal entsteht ein Konflikt, weil jemand glaubt, dass andere in der Familie nicht verstehen, was man durchmacht. Damit umzugehen, ist nicht einfach, weil es oft unserer Rolle als Eltern oder Partner entspricht, anderen zu helfen, Erlebnisse und Situationen in einem anderen Licht zu sehen. Das funktioniert aber überhaupt nur dann, wenn

das Gegenüber weiß, dass Sie versuchen, zu verstehen. Meine Mutter war großartig, aber was ich nicht leiden konnte, war, wie sie jeden Liebeskummer in meinem Leben mit den Worten kommentierte: „Mach dir nichts draus. Es gibt noch viele Fische im Meer."

Ob es also um den Verlust eines Arbeitsplatzes geht, ob sich ein Vierzehnjähriger und seine Freundin trennen oder ob es sich um den Tod eines Goldfisches handelt, senden Sie die Botschaft: „Wenn dir das wichtig ist, ist mir das auch wichtig."

5. Gehen Sie Diskussionen nicht aus dem Weg. Geben Sie dem anderen eine Chance, zu reden, ohne unterbrochen zu werden – und hören Sie zu. Wenn Sie dann die Chance zu reden haben, erinnern Sie sich daran, dass es sehr wirkungsvoll sein kann, sich nicht nur über das Verhalten von anderen Menschen zu beschweren („Du lässt immer deine Schuhe/Bonbonpapierchen/dreckigen Teller vor dem Fernseher liegen"), sondern teilen Sie auch mit, wie Sie sich dabei fühlen: „Wenn du deine Sachen einfach vor dem Fernseher liegen lässt, kommt es mir vor, als ob es für dich selbstverständlich ist, dass ich das wegräume."

6. Bleiben Sie beim Thema. Wärmen Sie keine alten Geschichten auf. „Ich vergesse nie, wie du …" In jeder Ehe gibt es zwei oder drei schwere Geschütze, die gern aufgefahren werden, bei denen das Paar aneinandergerät. Lassen Sie diese Geschichten beiseite – und sei es nur, um neue zu schreiben.

7. Versuchen Sie, kreative Lösungen zu finden, die auch die Gesichtspunkte anderer einbeziehen. Eine der

LEBENSWEISHEIT SECHS

größten Herausforderungen im Umgang mit Konflikten besteht darin, dass Familien aus Menschen bestehen und dass Menschen oft sehr unterschiedliche Persönlichkeiten haben. Und das bedeutet, dass sie mit Beziehungen unterschiedlich umgehen. Ich denke, meine Tochter weicht mir aus; sie denkt, sie sei diplomatisch. Mein Sohn glaubt, er sei objektiv; ich habe den Eindruck, er sei unbeteiligt. Bleiben Sie auf dem Teppich, wenn Sie andere bitten, ihr Verhalten zu ändern – und erwarten Sie keine Persönlichkeitstransplantation.

8. Versuchen Sie in besonderen Stresszeiten, miteinander nachsichtig zu sein – vielleicht, wenn jemand eine Prüfung vor sich hat, die Arbeit verloren hat, eine Beziehung zerbrochen ist oder man sich mit dem besten Freund überworfen hat.

9. Erinnern Sie sich, dass der dämlichste Satz, den es je in einem Film gab, im Kassenschlager *Love Story* vorkommt: „Liebe heißt, niemals sagen zu müssen: Es tut mir leid." Das Gegenteil ist richtig: „Liebe heißt, immer wieder zu sagen: Es tut mir leid."

10. Konzentrieren Sie sich darauf, Vertrauen aufzubauen. Bestehen Sie auf Ehrlichkeit (aber nicht darauf, die Schuldfrage zu klären). Seien Sie vergebungsbereit und bitten Sie selbst um Vergebung. Erinnern Sie sich an das alte chinesische Sprichwort: „Wer nicht vergibt, muss immer zwei Gräber ausheben."

Und schließlich kann eine weitere Strategie einem Konflikt die Schärfe nehmen; fragen Sie sich: „Warum ist mir das wichtig?" Ich habe sonst immer auf die Hupe gedrückt, wenn mich Leute auf der Autobahn „schnitten". Ich mache das aus mehreren Gründen nicht mehr. Erstens hören die Leute die Hupe. Und zweitens steigen manche, wenn sie sie gehört haben, aus ihrem Auto aus und versuchen, in meines einzusteigen. Und wenn sie mir dann kräftig die Meinung sagen, denke

Die einfache Frage „Ist das einen Konflikt wert?" kann vieles entschärfen.

ich: „Warum war mir das so wichtig?" Anders gesagt: „War das den potenziellen Konflikt wert?"

Du kannst nicht gegen alles kämpfen

Manche von uns sind so gestrickt, dass sie nicht anders können als kundzutun, wenn sie etwas stört oder aufregt. Das Problem damit in einer Familie ist, dass wir dabei immer auf jemandem herumhacken – und das heißt, dass der Konflikt nie lange auf sich warten lässt.

Wenn wir uns dafür entscheiden, jedes mögliche Problem zu benennen und zum Streitpunkt werden zu lassen – sei es nun das Aufräumen der Spielsachen oder des Zimmers, die Hausaufgaben, das Zusammenlegen der Wäsche, schlechtes Benehmen, Rauchen, Zu-spät-nach-Hause-Kommen, Musiklautstärke, Frisuren – dann wird es nicht viele Tage geben, an denen es zu Hause keine Konflikte gibt. Oder vielleicht schlimmer noch, es wird Tage geben, an denen es sehr still ist, während in einem Kind innerlich eine Bitterkeit wächst, weil „meine Mutter immer an mir herumnörgelt".

Natürlich ist es unbedingt notwendig, dass wir bestimmte Schlachten schlagen. Wenn wir uns aber entscheiden, alle Schlachten zu schlagen, dann wird die Familie glauben, dass „Papa uns immer im Nacken sitzt". Und schlimmer: Sie wird niemals merken, wenn Ihnen etwas *wirklich* wichtig ist – das Nörgeln über das nicht aufgehängte Handtuch hebt sich nicht mehr vom „Nörgeln" über das Rauchen ab.

Die Frage „Warum ist mir das so wichtig?" ist nicht nur nützlich in unserer Beziehung zu unseren Kindern, sondern auch im Blick auf den Partner. Jemand sagte: „Frauen heiraten Männer in der törichten Meinung, sie könnten sie ändern; Männer heiraten Frauen mit der albernen Vorstellung, dass sie sich nie verändern." Wir können sehr hohe Erwartungen haben, und wenn diese dann nicht erfüllt werden, können wir sehr kritisch oder nörglerisch werden. Jede Beziehung ist aber ein Kompromiss. Wir können nicht alles haben. Natürlich müssen wir manchmal jemandem in der Familie sagen, dass er sich schlecht benimmt. Aber auch wenn das nötig ist, ist es normalerweise das Beste, dass wir es nicht gerade dann tun, wenn wir uns darüber aufregen. Wenn Sie merken, dass Sie kurz davor stehen, zu explodieren, dann versuchen Sie, Ihre Zunge für ein Weilchen zurückzuhalten und stellen Sie sich drei Fragen:

– Ist mir diese Sache wirklich wichtig?
– Ist mein Ärger berechtigt, wenn ich die Fakten realistisch betrachte?
– Wie kann ich zu einer Lösung beitragen?

Praktische Schritte

➡ Führen Sie einen regelmäßigen „Familien-TÜV" ein – vielleicht kombiniert mit einem Besuch in der Pizzeria. Hier ein paar Fragen, die Ihnen bei der Entscheidung helfen können, ob Ihr „Gefährt" noch in Schuss ist oder ein paar Wartungsarbeiten gebrauchen könnte!

– Schmierstoffe und Öl prüfen: Welche Dinge machen uns in der Familie Freude? Wie könnten wir das ausbauen?

– Klappern und Quietschen: Welche Enttäuschungen gibt es in unseren Beziehungen innerhalb der Familie? Wie können wir das angehen?

– Kilometerstand: Was würden wir gern als Familie innerhalb des nächsten Jahres erreichen?

– Anhängerkupplung und Anhänger: Wie könnten wir anderen außerhalb unserer Familie helfen?

➡ Fragen Sie sich mindestens einmal täglich: „Warum ist mir das so wichtig?"

➡ Erinnern Sie sich an die Prüffragen bei Konflikten:

– Ist mir das wirklich so wichtig?

– Ist mein Ärger berechtigt, wenn ich die Fakten betrachte?

– Was kann ich zu einer Lösung beitragen?

Lebensweisheit sieben

Die Magie von Traditionen erfahren

Ein Freund war gestorben und ich besuchte seine Familie, um zu besprechen, was ich bei seiner Beisetzung sagen sollte. „Nennt mir ein paar eurer liebsten Erinnerungen", bat ich. Seine Tochter, eine Frau Mitte 20, begann: „Am Samstagabend kochte immer Papa. Er trug eine besondere Schürze und wir nannten ihn Edna – so hieß die Küchenchefin in der Schule."

Sein Sohn sagte: „So gegen fünf begannen wir zu fragen: ‚Was steht heute auf der Karte, Edna?' Und er antwortete dann immer in einem komischen französischen Akzent: ‚Edná ver'ät 'eute nischts!'"

„An diesen Abenden durften wir nicht in die Küche – nicht einmal Mama – und am Ende rief er dann: ‚Edná 'at wiedar kreiert eine Meisterwerk!'"

Und die Tochter warf ein: „Papa war kein besonders toller Koch – er war nicht mal gut. An manchen Abenden verunglückte das Essen ganz schrecklich und wir hörten draußen das Auto losfahren. Dann wusste wir, dass ‚Edná' heute Abend Fish and Chips ‚kreieren' würde. Aber was Papa auch machte, wir aßen es, während wir zusammen einen Film anschauten. Er ließ kaum mal einen Samstag aus."

„Wir haben immer ..."

Die Familie meines Freundes hätte von vielen Erinnerungen an ihren Vater erzählen können – vielleicht von gemeinsamen Ferien oder besonderen Geschenken, die er ihnen gemacht hatte – aber als ich sie darum bat, eine ihrer *liebsten* Erinnerungen zu erzählen, wanderten ihre Gedanken zu einer Familientradition.

Ich kann nicht sagen, dass mich das überrascht hat. Mit den Jahren hatte ich Gelegenheit, mit Hunderten von Menschen über ihre Kindheit zu sprechen und immer wieder haben die, die von starken Familien erzählten, auch von Traditionen gesprochen. Ob diese Familien nun arm oder reich waren, auf dem Land oder in der Stadt lebten, beide Eltern einschlossen oder ein Elternteil alleinerziehend war, ihre Antwort war oft dieselbe. Wenn ich nach den schönen Erinnerungen an ihre Familie fragte, begannen sie früher oder später einen Satz mit den Worten: „Wir haben immer ..."

Familientraditionen gehören für viele Menschen zu den liebsten Erinnerungen.

Meine Gesprächspartner haben mir von vielen und ganz verschiedenen Traditionen erzählt. Oft hatten diese Traditionen mit besonderen Tagen im Jahr zu tun. Eine Familie berichtete, dass sie immer am Heiligen Abend eine Kerze anzünden und *Ist das Leben nicht schön?* ansehen. Eine andere Familie machte am zweiten Weihnachtsfeiertag immer einen Spaziergang in einem belebten Park. Dabei versuchten sie zu erraten, ob die Leute, die ihnen entgegenkamen, wohl ein Geschenk anhatten. Eine Familie sang am Silvesterabend immer „*Nehmt Abschied, Brüder, ungewiss*", während sie sich auf der Straße vor dem Haus an den Händen hielten und dann anschließend zusammen Curryreis aßen und am Tisch reihum ihre Hoffnungen und Träume für das neue Jahr austauschten.

Manchmal bemerkten Menschen, die mir ihre Geschichte erzählten, dass sie ganz schlichte Dinge mitteilten – fast ein wenig peinliche. Wenn sie aber den Mut gefasst hatten, davon zu erzählen, dann sprudelten die Erinnerungen ohne Rücksicht auf ihr Alter nur so heraus. Eine Anwältin, eine sehr kultivierte Frau, erzählte, dass sie als Kind fast jeden Abend mit ihrem Vater folgendes Gespräch geführt habe:

„Papa, darf ich auf deinem Schoß sitzen?"

„Nein. Nur kleine Mädchen mit braunen Augen dürfen auf meinem Schoß sitzen."

„Ich habe braune Augen!"

„Tja, aber nur kleine Mädchen mit braunen Augen und schwarzen Haaren dürfen auf meinem Schoß sitzen."

„Papa, ich habe braune Augen und schwarze Haare!"

„Tja, aber nur kleine Mädchen mit braunen Augen, schwarzen Haaren und lila Schuhen dürfen auf meinem Schoß sitzen ..."

... Und schließlich kletterte dann ein kleines Kind mit braunen Haaren, schwarzen Haaren, lila Schuhen – und an manchen Abenden einem Dutzend anderer Eigenschaften – auf Papas Schoß. Und als sie erwachsen war, erinnerte sie sich noch immer daran.

„Das Gefühl des Verbundenseins"

Die Familie ist ein Bollwerk gegen die Stürme des Lebens, die draußen toben. Sie sollte ein Ort sein, an dem man lernt, ein Übungsfeld, ein Ort, an dem man Sicherheit und Geborgenheit erfährt; sie hat aber auch eine andere lebenswichtige Funktion. Sie schenkt uns das Gefühl der Zugehörigkeit, das Gefühl von Wurzeln; sie hilft uns, unseren Platz in der Welt, vielleicht sogar im Universum, zu finden.

Traditionen spielen dabei eine wesentliche Rolle. Ob diese zur Kultur einer Nation gehören (wie der Heilige Abend in Deutschland, Feuerwerk am 5. November in Großbritannien oder das Truthahnessen an Thanksgiving in den USA) oder ganz individuell sind, wie Fish and Chips an einem Samstagabend – sie erzeugen das, was jemand einmal „ein Gefühl des Verbundenseins" nannte.

Heute ist es schwierig, dieses „Gefühl des Verbundenseins" zu empfinden. Nicht nur gegenüber unseren Nachbarn und Familienangehörigen, die weiter entfernt wohnen, sind wir distanzierter als früher, sondern auch innerhalb der engen Familie selbst. Es ist nicht ungewöhnlich, dass an einem beliebigen Abend

Der Familientisch – ein Ort, an dem man Verbundenheit erfahren kann.

fünf Familienmitglieder über das ganze Haus verteilt sind und unterschiedliche Computerspiele spielen, unterschiedliche Fernsehsendungen anschauen oder unterschiedliche Musik hören. Je älter unsere Kinder sind, umso schwieriger wird es, etwas dagegen zu unternehmen. Aber das braucht uns nicht davon abhalten, es zu versuchen. Viele Familien haben entdeckt, dass der Esstisch ein Ort ist, an dem man gut damit beginnen kann, dieses Gefühl des Verbundenseins wiederzugewinnen. Marianne Jennings ist Juraprofessorin an der Universität von Arizona. Sie spricht von der Kraft dieses schlichten Möbelstücks für die Traditionen in ihrer Kindheit:

> Ich schnitt mein Hochzeitskleid auf demselben Tisch zu, an dem ich das Schreiben lernte. Das war derselbe Platz, an dem ich nach der Schule Kekse aß. Und dort habe ich mich auf meine Abschlussprüfung vorbereitet. Mein zukünftiger Ehemann wurde am selben Platz erbarmungslos ausgequetscht. Vieles, was ich im Leben gelernt habe, ist untrennbar mit diesem Küchentisch verknüpft. Dieses 80 mal 120 cm große, zerkratzte und abgenutzte Möbel war ein kleines materielles Stück meines Zuhauses und bis heute, wenn ich darauf zurückschaue, was wir daran taten, erkenne ich, dass es ein Schlüssel zu dem Leben war, das ich jetzt führe.[7]

Verweisen Sie den schlichten Tisch nicht in irgendein fernes „Goldenes Zeitalter der Familie" – solch eine Zeit hat es nie gegeben. Richtig ist, dass der Tisch, ob man nun an ihm zusammen isst, arbeitet oder spielt, ein Brennpunkt unseres Familienlebens sein kann.

Ich sprach kürzlich mit einem Kollegen, der Erziehungsseminare hält. Darin geht es auch immer um die Bedeutung von Mahlzeiten im Familienkreis. Am Ende einer Einheit kam Hanna, eine alleinerziehende Mutter zum Kursleiter und sagte: „Wir haben zu Hause gar keinen Tisch und ich kann mir auch keinen leisten." Sie hatten die Idee, eine Tischdecke auf den Fußboden zu legen und sich drum herum zu setzen. Hanna sagte, sie wolle das versuchen. Aber zu Beginn des nächsten Treffens sagte sie: „Als ich letzte Woche nach Hause ging, kam ich an einem Laden mit gebrauchten Möbeln vorbei und im Fenster waren ein Tisch und vier Stühle. Ich leistete eine kleine Anzahlung und der Ladenbesitzer hebt ihn für mich auf, solange ich jede Woche ein bisschen abbezahle."

Und genau das tat sie, bis sie eines Tages kam und verkündete: „Heute werden mein Tisch und die Stühle geliefert! Geschafft!" Sie hatte nicht gewusst, dass die anderen Eltern in der Gruppe sich auf diesen Augenblick vorbereitet hatten; als sie schließlich mit ihrer Familie am Tisch saß, war er mit Blumen, Kerzen und dem größten Kuchen dekoriert, den sie je gesehen hatte.

Ich erinnere mich besonders gern an eine Tradition, die wir in unserer Familie hatten, als unsere Kinder klein waren. Einmal in der Woche schleiften sie ihre Matratzen über den Flur und schliefen in unserem Schlafzimmer auf dem Fußboden. Das war unsere „Familien-Nacht".

Und einmal im Monat gab es sogar die „Super-Familien-Nacht". Das war dann etwas komplizierter und dazu gehörte, dass wir alle unsere Matratzen nach unten schleppten und im Wohnzimmer auf dem Fußboden schliefen. Es gibt nun keinen guten Grund, warum vier Leute, die alle ein wunderbares Bett besitzen, so etwas tun sollten – außer dass es Spaß macht. Wir machten den Kamin an, aßen Schokolade und erzählten uns im Dunkeln Geschichten.

Ich habe das schon in einem früheren Buch erzählt,

das in mehr als einem Dutzend Sprachen erschien, und es scheint, dass die Idee der „Familien-Nacht" Anklang fand. Ich bekomme aus aller Welt Briefe, die von Eltern und Kindern erzählen, die ihr Bettzeug durch die Wohnung tragen.

Doch nicht alle Rückmeldungen waren positiv. Während eines Seminars in Kanada kam ein Mann auf mich zu, als ich den Raum betrat. Er sah ärgerlich aus. „Sie sind Rob Parsons, nicht wahr?"

Ich war versucht zu sagen: „Nein, ich bin der Hausmeister", aber dann gestand ich ein, ich sei es.

Er sagte: „Ich habe vier Kinder und wir haben diese ganze ‚Super-Familien-Nacht'-Geschichte ausprobiert. Sie wissen – Betten runter, Geschichten im Dunkeln und Schokolade essen."

Ich nickte nervös. Er fuhr fort: „Drei Kinder haben auf ihre Matratzen gekotzt und das vierte am nächsten Tag ins Auto meiner Frau." Und dann zog ein breites Grinsen über sein Gesicht und ich merkte, dass er gar nicht verärgert war. „Aber das war es wert, trotz allem", sagte er. „Danke für diese Erinnerung."

> *Traditionen sagen uns:*
> *„Du gehörst hierher –*
> *dies sind deine Wurzeln."*

Als er sich setzte, dachte ich über seine Worte nach: dass diese Verrücktheit, das Theater – selbst das Sauberkratzen des Autorücksitzes – es wert waren. Schätzen Sie Traditionen nicht gering. Sie mögen schlicht sein oder hintergründig, nur in Ihrer Familie oder im ganzen Land üblich, Traditionen sagen uns: „Du gehörst hierher – dies sind deine Wurzeln."

Aber mit Traditionen ist es nicht immer einfach. Es kann für eine neue Patchworkfamilie beispielsweise herausfordernd sein, Dinge anders zu machen. Eine Mutter erzählte mir, wie schwer es war, ganz unterschiedliche Weihnachtstraditionen in ihrer zusammengewürfelten Familie zu vereinbaren:

> Ich brachte drei Kinder mit in die Ehe und mein Mann seine beiden Söhne. Als wir über die Vorbereitungen zum ersten gemeinsamen Weihnachtsfest sprachen, wurde uns bewusst, dass wir unterschiedliche Traditionen hatten. Also entschlossen wir uns, neue zu schaffen. Der Stiefvater und mein Jüngstes gingen zusammen den Weihnachtsbaum aussuchen – was sie seither jedes Jahr gemacht haben. Aber nicht alles war so einfach. Seine Kinder waren es gewohnt, dass die Strümpfe mit Geschenken am Fußende ihrer Betten hingen. Sie konnten sie aufmachen, sobald sie wach wurden. Meine Kinder mussten warten und es gab alle Geschenke unter dem Weihnachtsbaum. Also kombinierten wir die Traditionen und alle hängten ihre Strümpfe an ihre Betten. Die kleineren Geschenke wurden da hineingesteckt und die größeren warteten unten auf sie, wo wir alles gemeinsam öffneten. Und jeder war zufrieden!

Natürlich sind es nicht nur die Kinder, für die Traditionen wichtig sind. Traditionen können auch helfen, eine Partnerschaft zu festigen – ob man nun am Wochenende lange schläft und dann gemeinsam im Bett Steve Wrights *Sunday Love Song* im Radio hört („Wenn das möglich wäre, wäre es ja toll!", sagte ein Paar mit kleinen Kindern), zu einem Jahrestag einen Wochenendtrip unternimmt, verrückte Sätze benutzt, die einem als Paar eine Menge sagen, aber anderen gar nichts bedeuten, Kerzen am Samstagabend anzündet, Vorsätze am Neujahrsabend austauscht oder einfach nie ohne einen Kuss zu Bett geht.

Traditionen sind kraftvoll. Wenn Sie mir nicht glauben, dann sprechen Sie mit jedem Erwachsenen, von dem Sie wissen, dass er eine glückliche Familie erlebt hat. Bitten Sie ihn, zu erzählen, was so besonders daran war, und schon bald wird er sagen: „Wir haben immer …"

Praktische Schritte

➡ Legen Sie mit Ihrem Partner und jedem Ihrer Kinder eine Erinnerungsschatzkiste an. Füllen Sie diese mit kleinen Schätzen und Andenken. Machen Sie sie gelegentlich auf und schauen Sie sie zusammen durch.

➡ Führen Sie ein Buch mit Familienzitaten – mit witzigen, peinlichen, tiefgründigen Aussprüchen.

➡ Nutzen Sie den Familientisch! Finden Sie gemeinsame Aktivitäten, die allen Spaß machen. Es mag eine Weile dauern, bis man den Kindern über die Schmerzgrenze geholfen hat, aber entdecken Sie wieder die Brettspiele.

➡ Veranstalten Sie am Neujahrsabend ein Familienessen und bitten Sie jeden, zehn Glanzpunkte des vergangenen Jahres zu nennen.

➡ Schlafen Sie einmal im Jahr draußen im Garten unter den Sternen und veranstalten Sie ein Mitternachtsfest.

DIE MAGIE VON TRADITIONEN ERFAHREN

➠ Führen Sie ein Gutenachtritual ein – vielleicht ein bestimmtes Gebet, ein Schlaflied oder dass Mama oder Papa eine Geschichte vorlesen.

➠ Wenn Sie Englisch können: Besuchen Sie www.careforthefamily.org.uk/memorable-moments und lassen Sie sich von den tollen Ideen anderer Familien inspirieren.

Lebensweisheit acht

Lieben lernen im Januar

Wir alle wollen unserer Familie das Beste geben. Doch was ist das? Jemand sagte einmal, das größte Geschenk, das Eltern ihren Kindern geben können, sei, sich zu lieben. In meiner Beratungsarbeit mit ganz unterschiedlichen Familien habe ich zu viel tagtägliches Leid gesehen, um noch zu glauben, dass es einfache Antworten für die Probleme gibt, die Familien zerbrechen lassen. Aber trotzdem möchte ich sagen: Die Vorstellung, dass Kinder die Scheidung ihrer Eltern unbeschadet überstehen, ist sowohl falsch als auch naiv.

„Es ist besser für die Kinder"

Die Leute sagen: „Kinder sollten besser nicht in einem Umfeld leben, in dem es Konflikte gibt", und natürlich ist das manchmal der Fall. Aber es ist auch so, dass die Konflikte nicht in dem Augenblick verschwinden, in dem eine Familie zerbricht. Auch wenn es Konflikte gab – die Kinder lieben immer noch beide Eltern. Und sie wollen beide Eltern. Natürlich können Kinder über eine Trennung ihrer Eltern hinwegkommen, aber es kann uns als Eltern helfen, die Kinder während dieser Zeit zu unterstützen und zu begleiten, wenn wir etwas von dem verstehen, was viele von ihnen empfinden.

Ein Vater, dessen Ehe gescheitert war, schrieb mir Folgendes:

> Es dämmerte mir vor einer Weile, was mit meinen Kindern und sicherlich auch vielen anderen, die das durchgemacht haben, geschehen war. Es mag sein, dass uns als Paar die gegenseitige Liebe verloren gegangen ist, aber unsere Kinder haben nicht aufgehört, uns zu lieben. Sie sind Fachleute darin geworden, ihre Gefühle zu verbergen, statt sie mitzuteilen. Wenn sie beim Papa sind, lernen sie, nicht über die Mama zu sprechen. Sie scheuen sich, Ferienbilder zu zeigen, weil vielleicht ein Elternteil sieht, wie man mit dem anderen eine schöne Zeit verbracht hat. Sie führen zwei parallele Leben. An Weihnachten erzählen sie dem einen nicht, was sie vom anderen Elternteil bekommen haben – und welches Elternteil hat nicht Angst, dass das eigene Geschenk im Vergleich zum Geschenk des anderen minderwertiger erscheinen und das Kind denken könnte, dass man es weniger liebe?

Im Laufe der Jahre habe ich die Geschichten vieler Leute gehört, deren Familien zerbrachen, aber ein Junge kommt mir besonders in Erinnerung. Er war zehn, und sein Vater hatte gerade seine Mutter verlassen. Er saß auf einer Treppenstufe vor dem Haus, sah hoch und sagte: „Mein Vater liebt meine Mutter nicht mehr und er hat uns nun verlassen. Was macht man da als Kind?"

Nicht nur kleine Kinder empfinden so. Die Paarberaterin Laura Telfer sagt, dass Trennung als attraktive Option betrachtet wird, wenn Kinder älter sind: „Gewiss ist die Zeit, wenn die Kinder aus dem Haus gehen, besonders anfällig, weil alle Möglichkeiten offenzustehen scheinen. Aber das macht es nicht leichter, mit dem Gefühl umzugehen, verlassen worden zu sein. Was für den einen Partner ein Abenteuer sein mag, ist für andere Familienmitglieder ausnahmslos eine schmerzliche Zeit der Trauer. Kinder sehen erschrocken zu, wie ihre Familie, dieser sichere, geborgene Ort, der ihre ganze Kindheit hindurch Bestand hatte, mit Leichtigkeit zerlegt wird."[8]

Es stimmt: Es gibt keine einfachen Antworten, wenn eine Partnerschaft oder Ehe zerbricht. Aber es ist auch wahr, dass viele Leute ihre Ehe beginnen, ohne auch nur die leiseste Vorwarnung im Blick auf etwas, dem sie sich stellen müssen, damit ihre Beziehung Bestand hat.

Januarliebe

Es ist der Tag, an dem die Tochter eines Freundes heiratet, und ich war gebeten worden, beim Gottesdienst ein paar Worte zu sagen. In vielerlei Hinsicht ist das ein perfekter Tag: Die Braut ist wunderschön; ihr Mann in spe wirkt wie ein edler Prinz; die Sonne fällt durch die bunten Glasfenster der alten Kirche. Während ich dasitze und auf meinen Einsatz im Gottesdienst warte, beobachte ich das junge Paar. Ich sehe, wie sie nur Augen füreinander haben. Ich seufze innerlich und erinnere mich, dass es unter solchen Umständen weise wäre, mich selbst nicht zu wichtig zu nehmen. Ich sage mir, dass es für sie eben dazugehören wird, einem alten Typen wie mir ein paar Minuten zuzuhören – ein Programmpunkt, der hoffentlich bald vorüber ist.

Ich denke daran, was ich mir zu sagen vorgenommen

habe. Soll ich es wagen, das Thema anzusprechen, das mir durch den Kopf geht? Während ich noch nachdenke, höre ich, wie mein Name genannt wird, und ich stehe auf, um in der kleinen Kirche nach vorn zu gehen. Noch im Gehen frage ich mich, ob ich es wirklich erwähnen soll und dann entscheide ich mich plötzlich.

„Ich möchte euch heute etwas über Liebe im Januar erzählen", sage ich. „Wenn ich ein neues Buch schreibe, fahre ich oft in eine kleine Hütte an der Küste in Wales. An einem Nachmittag im August machte ich eine Pause und ging am Strand spazieren. Es war ein herrlicher Tag. Die Sonne strahlte vom wolkenlosen Himmel. Hinter mir rahmten bunt gefärbte Hügel die Bucht auf einer Seite ein und vor mir glänzte das Meer in der Sommerhitze. Es war ein wunderbares Gefühl, am Leben zu sein. Ich ging am Strand entlang und machte mich dann auf den Rückweg. Als ich die Straße erreichte, sah ich einen alten Fischer auf einer Bank sitzen. ,Ist das hier nicht herrlich?!', sagte ich. Ich weiß nicht, ob er einen schlechten Tag oder einfach nur die Touristen satthatte, aber er sagte: ,Sie sollten es im Januar sehen.'

Am nächsten Tag ging ich wieder am Strand entlang. Es sah genauso wunderbar aus wie 24 Stunden zuvor, aber diesmal stellte ich mir vor, dass die Hügel, die Bucht und das Meer mir zuflüsterten: ,Wirst du uns auch im Januar lieben?'"

Ich konnte sehen, wie mir viele der Hochzeitsgäste in der alten Kirche aufmerksam zuhörten. Jene mit ergrauten Haaren und Herzen, die schon manchen Kummer kannten, wussten, was ich sagen wollte, aber das junge Paar sah mich skeptisch an. „Heute ist für euch hier Sommer“, sagte ich. „Ihr beide seht wundervoll aus; der Rahmen ist perfekt – wer könnte an einem solchen Tag nicht lieben? Aber werdet ihr fähig sein, euch auch im Januar zu lieben?“

„Es gibt keine Beziehung“, fuhr ich fort, „in der nicht einmal der Tag kommt, an dem man auch im Januar lieben muss. In jeder Beziehung gibt es Situationen, in denen man nicht *wegen*, sondern *trotzdem* lieben muss.“ Ich sagte, in jeder Beziehung komme die Zeit, wenn wenigstens einer der Partner keine Liebe „fühlen“ würde – in der alles schreien würde: „Gib es auf. Es ist vorbei. Geh.“

> *Es gibt keine Beziehung, in der man nicht auch mal „trotzdem“ lieben muss.*

Ich sagte: „Heute habt ihr einander ein Versprechen gegeben – ein Versprechen, das so kühn war, in die Freude dieses perfekten Tages einzudringen und vor düsteren Tagen zu warnen. Ihr habt gesagt: ‚Ich will dich lieben und ehren in guten Tagen‘ und das Versprechen flüstert: ‚Und in den bösen?‘

Wird dieses junge Paar sein Versprechen je einlösen müssen? So sicher, wie die Nacht dem Tag folgt, werden sie das müssen. Ehen brechen auseinander, Beziehungen scheitern – diese Dinge sind eine Tatsache des Lebens. Aber es ist ebenfalls eine Tatsache, dass wir nie eine dauerhafte Beziehung zu jemandem finden werden, wenn wir nicht manchmal bereit sind, darum zu kämpfen, dass unsere Liebe gegen alle Wahrscheinlichkeit lebendig bleibt – wenn wir nicht bereit sind, im Januar zu lieben.

Ich erinnere mich an die Beratung eines Paares Mitte

dreißig; sie hatten eine Tochter im Alter von sechs Monaten und standen kurz vor der Scheidung. Ich fragte den Mann, warum er sich scheiden lassen wolle. Er sagte: „Ich bin nicht mehr in meine Frau verliebt."

Während er sprach, konnte ich nicht anders, als das kleine Bündel anzusehen, das seine Frau in den Armen wiegte. Ich sagte: „Hat Ihnen denn, als Sie geheiratet haben, niemand gesagt, dass es Zeiten geben wird, in denen das *Gefühl* der Liebe abnehmen wird? Hat Sie niemand gewarnt, dass eine dauerhafte Liebe daraus erwächst, dass man – zumindest eine Zeit lang – nicht mit dem Herzen, sondern mit dem *Willen* liebt? Hat Ihnen niemand gesagt, dass Sie, solange Sie das nicht verstehen, dazu verdammt sind, von Beziehung zu Beziehung zu laufen, und dass Sie dabei dazu verdammt sind, Ihren Gefühlen ausgeliefert zu sein?" Er sah ehrlich erstaunt aus. „Nein", sagte er. „Das hat mir niemand gesagt."

> *Eine Liebe, die Bestand hat, erwächst daraus, dass man – zumindest zeitweilig – nicht mit dem Herzen, sondern mit dem* Willen *liebt.*

Niemand hatte es ihm gesagt. Und dabei würde die Einsicht in dieses einfache Prinzip vielen Beziehungen, die an der ersten Hürde scheitern, zumindest eine Überlebenschance bieten. Sie werden Ihre Familie nicht zusammenhalten können, wenn eine Vorbedingung dafür lautet, dass Sie und Ihr Partner sich immer ineinander verliebt fühlen müssen.

Paare, die zusammenbleiben, haben sich darauf vorbereitet, dass es Phasen geben wird, in denen in ihrer Beziehung Treue, Verantwortung und manchmal „das Beste

LEBENSWEISHEIT ACHT

für die Kinder" das ist, was sie zusammenhält. „Um der Kinder willen" zusammenzubleiben, ist nicht immer der richtige Grund, aber es ist dennoch ein guter Grund. Niemand von uns will sein Leben lang mit zusammengebissenen Zähnen lieben müssen. Aber es gibt zahllose Paare, die es noch einmal miteinander versucht haben, vielleicht „um der Kinder willen", und unterwegs haben sie eine Liebe wiedergefunden, von der sie dachten, sie sei längst gestorben.

Viele Paare, die „trotzdem" zusammenblieben, fanden eine Liebe wieder, von der sie dachten, sie sei längst gestorben.

Eine Studie berichtet in der Tat, dass zwei Drittel der „unglücklichen Paare", die verheiratet blieben, fünf Jahre später sagen, dass sie glücklich seien.[9] Das ist zum Teil keine Überraschung; die Verfasser der Untersuchung weisen darauf hin, dass Scheidung, obwohl sie in manchen Bereichen den Stress vermindere, auch neue Probleme schaffe – die Bewältigung neuer Erziehungsfragen, Umgang mit den Reaktionen der Kinder, finanzielle und gesundheitliche Fragen und manchmal zusätzlich die Herausforderung, eine neue Beziehung aufzubauen.

In beinahe jeder Ehe kommt eine Zeit, in der das Gefühl der Liebe starkes „Niedrigwasser" hat. Solche Zeiten mögen sich über die Jahre schleichend nähern oder an besondere Belastungen in der Beziehung geknüpft sein – vielleicht in der Folge der Geburt eines Kindes, finanzieller Sorgen, Krankheit oder Arbeitslosigkeit –, wenn das Selbstwertgefühl eines Partners sehr gering ist. Und an solch einem Punkt tritt manchmal etwas in der Beziehung ein, das im Blick auf das Potenzial, eine Familie zu zerstören, in einer eigenen Liga spielt: die Affäre.

„Auf dem Preisschild steht …"

Vor einer Weile lernte ich Jeremy kennen. Auch er war in seiner Ehe in eine Phase gekommen, in der er die Liebe nicht mehr „fühlte". Ob das nun dadurch beschleunigt worden war, dass er eine Kollegin sehr anziehend fand, werden wir nie erfahren. Aber ich vermute, dass es in seiner Ehe gerade eintönig zuging und die neue Frau dazu führte, dass er seine Ehefrau und sein Leben – sein Schicksal – mit wachsender Unzufriedenheit betrachtete.

Er erzählte mir seine Geschichte an einem regnerischen Samstagnachmittag in einem McDonalds in der Nähe eines Kinocenters. Er war geschieden und hatte sich kürzlich von der Frau getrennt, deretwegen er seine Ehefrau verlassen hatte. Seine Kinder durfte er vierzehntägig sehen. Rhys war fünf und Victoria zehn. Sie saßen am Nebentisch, malten und sahen gelangweilt aus.

Er sagte: „Ich weiß nicht, wohin ich mit ihnen gehen soll, wenn es regnet." Und dann ergänzte er: „Ich würde gern allen Männern da draußen sagen, dass eine Affäre toll ist – für eine Weile. Der Sex ist toll und die Aufregung ist toll und das Gefühl, wieder jung zu sein, ist toll – aber das ist es einfach nicht wert. Das sind meine Kinder. Ich bin ihr Vater und ich saß gerade mit ihnen drei Stunden lang in einem jämmerlichen Kino, weil ich nirgendwo anders mit ihnen hinkann, und nun bringe ich sie wieder zurück wie ein paar Bücher aus der Leihbücherei."

Während der letzten rund zwanzig Jahre habe ich alle möglichen Dinge gesehen, die Familien zerstört haben. Ich glaube aber, dass nichts an die Affäre heranreicht, wenn es darum geht, schnell und mit solch chirurgischem Können Familien zu dezimieren – oftmals wegen Kleinigkeiten. Es ist so, als ob die Affäre flüstere: „Vertrau mir. Ja, du hast gehört, was das Familien antun kann. Aber bei dir wird es anders sein. Mach einfach den nächsten Schritt."

> *Der Betrug der Affäre liegt darin, dass er jeden Moment der Liebe oder des Glücks in der bestehenden Partnerschaft negiert.*

Natürlich können Affären zu unterschiedlichen Ergebnissen führen. Manche Leute finden neue und erfüllende Beziehungen und manche fühlen sich schon nach ein paar Tagen betrogen. Nach meiner Erfahrung zeigen aber Menschen, die in eine Affäre verwickelt sind, immer wieder zwei typische Kennzeichen.

Das erste nannte jemand einmal „eine Phase zeitlich befristeter Unzurechnungsfähigkeit". Während dieser Zeit sind die Leute nicht mehr sie selbst. Sie legen persönliche und religiöse Überzeugungen ab, die sie zuvor vertreten haben. Manchmal fangen sie an, sich anders zu kleiden – vielleicht jugendlicher, mutiger –, und beinahe alles in ihrem Leben – Kinder, Beruf, Zuhause – wird zweitrangig zugunsten des blanken Knisterns dieser Affäre.

Während dieses Zeitraums schreiben die Leute oft ihre Lebensgeschichte um. Sie sagen Sätze wie: „Wir waren so jung, als wir heirateten – wir wussten gar nicht richtig, was wir da taten." – „Wir sind nie wirklich glücklich gewesen." – „Ich war immer unzufrieden mit unserer Beziehung." Nicht, dass es für sie nicht auch wirklich schwierige Zeiten gegeben hätte. Aber der Betrug der Affäre liegt darin, dass er jeden Moment der Liebe oder des Glücks, der je existierte, auslöscht.

Wenn dieses erste Kennzeichen zutrifft, folgt stets auch das zweite. Es kann innerhalb von ein paar Wochen auftreten, es kann auch ein paar Jahre dauern, aber es gibt keine Ausnahme. Es ist ein Augenblick, der so richtig einschlägt. Für eine Weile ist alles in der neuen Beziehung aufregend und toll, aber schließlich stirbt diese Aufregung und das Paar entdeckt, dass auch in ihrem neuen Liebesnest der Wasserhahn mal tropft, die Rechnungen bezahlt werden müssen und Babys einen mitten in der Nacht mit ihrem Geschrei aufwecken. Kurz gesagt, sie entdecken, dass „das Gras auf der anderen Seite des Zauns zwar grüner sein mag, es aber ebenfalls Arbeit beim Mähen macht".

Das Erschrecken auf dieser zweiten Stufe ist oft verhängnisvoll. Es ist so, als ob zu Beginn der Affäre die Kosten zu vernachlässigen waren, sich das aber schnell ändert. In der Anfangszeit steht der Preis kaum einmal auf der Eintrittskarte – anfangs steht auf dem Preisschild sogar „gratis". Das ist doch nicht gefährlich – ein bisschen flirten, ein bisschen zusammen sein. Wenn sich die Sache aber entwickelt, scheint es so, als ob jemand hinten im Laden die Preisschilder austauscht – und plötzlich ist es deutlich teurer. Es kostet einen kleinen Betrug: „Ich komme am Dienstag etwas später heim, Schatz." Aber, was soll's, auch wenn der Preis ein wenig gestiegen ist, ist die Belohnung fantastisch – Spaß, angeregte Unterhaltungen, unglaublicher Sex. Man sagt sich: „Das ist der Mensch, den ich hätte heiraten sollen."

Dann eines Tages geht man in den Laden und das Preisschild hat sich ein letztes Mal verändert. Jetzt steht da: „Alles". Man erkennt es erst, wenn man es sieht. Man protestiert, weil man es nicht bezahlen kann, ohne dass man beinahe alles verliert, was man je liebte – den Ehemann, die Ehefrau, die Kinder, eventuell Freunde und die weitere Verwandtschaft, und vielleicht das Zuhause oder sogar die Arbeitsstelle.

Ich werde wütend, wenn ich sogenannte Fachleute höre, die propagieren, Affären seien gut für eine Ehe. Kann sich eine Ehe von einer Affäre erholen? Sicherlich. Kann eine solche Ehe stärker sein als zuvor? Ja, zweifellos. Aber die Affäre ist ein derart großer Vertrauensbruch, dass sie am Kern einer Beziehung rüttelt. Zwar kann die Liebe zurückkehren, aber es mag lange Zeit brauchen, bis das Vertrauen wiederhergestellt ist. Und für Kinder sind Affären schädlich.

Ich weiß, dass Ehen zerbrechen. Ich weiß, dass einige Ehen nicht überleben können. Ich verstehe das. Aber die Affäre ist eine Klasse für sich, wenn es um die Zerstörung normaler Familien geht – Familien, die nicht vollkommen waren, die es aber geschafft hätten, und in denen man relativ glücklich zusammen war. Die Affäre könnte jedem schon morgen begegnen, also wollen wir etwas bedenken, was George Bernhard Shaw sagte: „Es gibt zwei große Tragödien im Leben: Die eine besteht darin, nicht zu bekommen, was dein Herz wünscht. Die andere darin, es zu bekommen."

Wir leben in einer Welt, in der dem persönlichen Glück allerhöchster Stellenwert eingeräumt wird. Wenn wir ihm allerdings nachstreben, erkennen wir oft, dass es sich uns entzieht. Manchmal müssen wir sogar im Blick auf unser eigenes Glück auf lange Sicht nicht bei dem beginnen, was „für mich das Beste ist", sondern bei dem, was für *andere* das Beste ist.

Wir brauchen – zumindest für eine Weile – die Liebe im Januar.

Praktische Schritte

➡ Versuchen Sie, sich die guten Zeiten in Erinnerung zu rufen – machen Sie eine kleine Reise in die Vergangenheit anhand alter Fotos.

➡ Streiten Sie mit Ihrem Partner nicht vor Ihren Kindern – auch nicht, wenn die Partnerschaft gerade schwierig ist.

➡ Praktizieren Sie kleine Gesten der Freundlichkeit gegenüber Ihrem Partner, auch wenn Sie gerade keine Liebe „empfinden".

➡ Nehmen Sie sich vor, einen Abend pro Woche mit Ihrem Mann/Ihrer Frau zu verbringen. Verteidigen Sie diese Zeit mit Zähnen und Klauen.

108 LEBENSWEISHEIT ACHT

➡ Januar-Liebe ist bei Ihren Kindern so wichtig wie bei Ihrem Partner. Manchmal müssen wir unsere Kinder lieben, auch wenn wir sie gerade nicht besonders „mögen".

> „Ich denke, nicht die sind gute Eltern, die einem das Essen machen oder bei den Schulaufgaben helfen, weil ich das auch allein kann, sondern die, die immer für dich da sind, egal, worum es geht, und die dich lieben und akzeptieren, so wie du bist."
>
> Eine Dreizehnjährige

Lebensweisheit neun

Den Schatz der Verwandtschaft entdecken

Meine Schwestern Val und Joan vergessen nie meinen Geburtstag, auch nicht Diannes oder die meiner Kinder. Ich wünschte, ich könnte hier berichten, dass ich umgekehrt die Geburtstage meiner Schwestern nie vergesse – und ich wäre versucht es zu tun, wenn ich damit rechnen könnte, dass sie dieses Buch nie in die Finger bekämen. Glücklicherweise betrachten sie mich noch immer als ihren kleinen Bruder und gewähren mir deshalb Freiheiten, die ich nicht verdiene. Sie tun trotzdem gut, wenn sie die Geburtstage nicht vergessen, denn die Verwandtschaft ist wichtig.

Isolierte Familien

Für mich und viele andere meiner Generation war es in unserer Jugend nicht schwer, ihre Verwandten nicht zu vergessen – man sah sich fast täglich. Onkel und Tanten wohnten vielleicht in derselben Straße, die Großeltern lebten um die Ecke und erwachsene Geschwister noch im Haus. In jenen Tagen musste eine junge Mutter kein Buch über Erziehung kaufen, um zu entdecken, dass es normal ist, wenn ihr erstes Kind fast die ganze Nacht schreit. Sie hatte mindestens sechs Erziehungsfachleute, die weniger als 500 Meter von ihr entfernt wohnten. Und mit allen war sie verwandt.

Heute können Familien ohne Weiteres über das ganze Land verteilt sein, sogar über die ganze Welt. Aber auch wenn es schwer ist, die geografischen Grenzen zu überwinden – wir sollten wenigstens versuchen, in Kontakt zu bleiben. Eine jüngere Studie zeigt, dass 53 Prozent der Befragten sagen, dass sie ihre Familie nicht oft genug sehen.[10] Die Wahrheit ist: Isolation tut uns nicht gut. Dass es meist nur wenige Menschen gibt, mit denen wir Probleme und Erfahrungen austauschen, beraubt Familien der täglichen Unterstützung, die sie brauchen, und führt zu Einsamkeit und Enttäuschung. Eine Mutter schrieb: „Ich wünsche mir immer, ich hätte meine Familie hier, und wenn schon nicht sie, dann doch wenigstens gute Freunde, auf die ich mich verlassen kann. Das ist für mich wirklich jeden Tag ein Kampf, die Probleme unter die Füße zu bekommen, mit denen ich als Frau, als Mutter und bei der Arbeit konfrontiert werde."

Familien brauchen die Unterstützung, die gute Beziehungen in der weiteren Verwandtschaft bieten können.

Neben der äußeren Isolation, die heutige Familien oft beeinträchtigt, kann es sein, dass es in der Familie eine Geschichte von Verletzungen gibt. Das ist nichts Ungewöhnliches. Ein Mann drückte es einmal so aus: „Ich weiß, dass Blut dicker ist als Wasser. Das Problem dabei in meiner Familie ist, dass das meiste davon am Teppich klebt."

Wir haben vielleicht Geschwister, mit denen wir seit Jahren nicht gesprochen haben – vielleicht nach einem blöden Streit bei einer Hochzeit oder Beerdigung. Aber wahrscheinlicher ist es, dass wir Verwandte haben, von denen wir uns ganz langsam entfernt haben. Wenn es möglich ist, sollten wir versuchen, Trennendes zu überwinden, ein wenig Stolz herunterzuschlucken und den lang aufgeschobenen Anruf zu machen.

Die Verwandten sind für unsere Kinder wichtig. Es ist gut, wenn sie nicht nur einen Begriff von den „Wurzeln" der Familie haben, sondern auch von den „Zweigen". Die weitere Familie kann ihnen zudem ein starkes Gefühl der Zusammengehörigkeit und damit der Sicherheit vermitteln. Und für ein Kind ist es von großer Bedeutung, wenn es weiß, dass es Leute über die unmittelbare Familie hinaus gibt, die sich wirklich um einen kümmern.

Das Generationsspiel

Ein guter Ausgangspunkt sind die Großeltern eines Kindes. Nun wäre es sicher einfacher, wenn alle Großeltern Bilderbuchomas und -opas wären. Es wäre nicht schwierig, die alte Dame mit den runden, silbern umrandeten Brillengläsern zu besuchen, die ihr eigenes Brot backt und ihre Hände an der Schürze abtrocknet, während sie den Kindern Geschichten erzählt. Aber in der heutigen Zeit ist die Oma vielleicht ganz anders. Sie ist vielleicht beruflich sehr engagiert und gerade auf der Höhe des Erfolgs. Oder sie genießt ihre neu gewonnene Freiheit von der Verantwortung für die Kinder und ist viel auf Reisen. Und der Großvater hat vielleicht beschlossen, dass das Opabild mit

Pfeife und Pantoffel nicht zu ihm passt, und hat stattdessen mit Karate angefangen.

Auch wenn es zutrifft, dass das Leben in der heutigen Familie manchmal komplizierter sein kann als für frühere Generationen, so stimmt doch auch, dass moderne Großeltern unbedingt in das Leben ihrer Enkel eingebunden sein möchten. Und in einer Welt, in der sich viele Leute – besonders junge Leute – unsicher fühlen und irgendwie bindungslos, *brauchen* Kinder ihre Großeltern.

Ein afrikanisches Lied sagt: „Wenn ein alter Mensch stirbt, ist es, als ob eine Bibliothek abbrennt." Die Großeltern Ihrer Kinder haben die Schlüssel für diese Bibliothek, nämlich das Wissen Ihrer Familiengeschichte. Vielleicht beachtet man deshalb in Gesellschaften, in denen die Familienbindung ausgeprägt ist, die Meinung der älteren Menschen; sie dürfen den Jungen ihre Lebensgeschichte erzählen und sie werden geehrt. Das heißt nicht, dass sie immer angenehm sind – die Art Leute, mit denen in den Urlaub zu fahren man gar nicht erwarten kann. Aber es bedeutet doch, dass man sieht, dass die Älteren eine wichtige Rolle spielen, wenn es darum geht, Kindern an ihren Platz in der Gesellschaft zu verhelfen.

Großeltern haben die Schlüssel zur Familiengeschichte – sie kennen sie am besten.

Es ist eine Tatsache: Wir können unseren Kindern Werte nicht dadurch vermitteln, dass wir sie lehren – wir müssen sie auch *leben*. Nicht das ist beängstigend, dass Kinder nicht auf uns hören – sondern *dass sie es tun*. Und dass sie uns *beobachten*. Daraus folgt, dass die Haltung, die un-

DEN SCHATZ DER VERWANDTSCHAFT ENTDECKEN

sere Kinder gegenüber ihren Großeltern einnehmen (und – und das ist beängstigend – die Haltung, die sie uns gegenüber einnehmen werden, wenn wir alt sind), in gewissem Maße durch die Haltung geformt wird, die wir an den Tag legen. Wenn wir zu beschäftigt sind, um unseren Eltern zu schreiben, sie zu besuchen – oder selbst mit ihnen zu telefonieren – warum sollte sich dann ein Teenager Zeit nehmen, die Oma zu sehen? Wenn wir aber unsere alten Familienmitglieder „ehren", also vor unseren Kindern gut von ihnen reden, auf die Geschichten von früher hören, und wenn unsere Kinder erleben, wie wir unsere Eltern um Rat bitten, legen wir eine Saat in das Leben unserer Kinder, die ihnen helfen kann, eine Verbindung zu ihren Großeltern aufzubauen.

Ich kann mir vorstellen, wie einige von Ihnen sagen: „Das ist alles schön und gut, aber Sie wissen nicht, wie schwierig meine Mutter ist – ganz zu schweigen von meinem Schwiegervater." Vielleicht nicht. Aber ich bin überzeugt: Es lohnt sich, sich auf diesem Gebiet mehr anzustrengen. Es ist nicht völlig unmöglich, dass Ihr Kind eine gute Beziehung zu seinen Großeltern hat, selbst wenn Sie nicht mit Ihrer Schwiegermutter auskommen.

Versuchen Sie, so gut es Ihnen möglich ist, Ihren Eltern wirklich Zeit mit ihren Enkeln zu ermöglichen. Nicht alle Großeltern sind aus demselben Holz geschnitzt; manche finden sich in diese neue Rolle leicht ein, mit anderen brauchen wir etwas mehr Geduld. Manche Großeltern werden es lieben, wenn sie gebeten werden, auf die Kinder aufzupassen; andere sind da etwas zurückhaltender. Wenn Ihre Suche nach einem Babysitter und der Wunsch Ihrer

Eltern, die Enkel zu sehen, zusammenfallen, dann passt das hervorragend – aber davon können Sie nicht selbstverständlich ausgehen. Sprechen Sie mit Ihren Eltern über Erwartungen und suchen Sie ein Maß an Kontakt, das für alle gut ist. Natürlich können die Beziehungen zu einem Großelternpaar sehr viel schwieriger werden, wenn eine Ehe auseinandergeht. Aber trotz dieser Schwierigkeiten lohnt es sich, sich wirklich darum zu bemühen, dass die Verbindung bestehen bleibt.

Sprechen Sie mit Ihren Eltern über Erwartungen und suchen Sie ein Maß an Kontakt, das für alle gut ist.

Bill Cosby sagt: „Enkel sind Gottes Belohnung dafür, dass man seine Kinder nicht umgebracht hat." Ich bin ziemlich sicher, dass das nicht wahr ist. Aber ich weiß, dass die Großeltern für ein Kind überaus wichtig sind. Deshalb kann ich nur nachdrücklich empfehlen: Helfen Sie dabei, dass eine möglichst starke Beziehung zwischen Ihren Kindern und den Großeltern entsteht. Natürlich sind da nicht selten größere Entfernungen zu überwinden. Deshalb hier ein paar Ideen, wie Sie zu einer guten Beziehung auch über größere Distanzen hinweg beitragen können:

1. Bitten Sie Ihre Eltern, Geschichten für Ihre Kinder aufzunehmen, sodass sie diese abspielen können. Das kann ein Ereignis in ihrem Leben sein oder eine Geschichte aus einem ihrer Lieblingsbücher als Kind.
2. Stellen Sie Bilder von den Großeltern auf (auf ein niedriges Regal, wenn Sie kleine Kinder haben), damit sie sich daran gewöhnen, wie sie aussehen. Das macht es ihnen leichter, wenn sie zu Besuch kommen.

3. Bitten Sie die Großeltern, ein Fotoalbum anzulegen, das auch Bilder ihres Umfeldes enthält (Haus, Arbeit, Hobbys, Haustiere). Das hilft Ihren Kindern, das Gefühl zu haben, sie zu kennen.

4. Wenn Sie kleine Kinder haben, schicken Sie erste Kunstwerke aus ihrer Hand an Ihre Eltern und bitten Sie sie, ein Foto zurückzuschicken, das zeigt, wo diese Dinge einen Platz gefunden haben.

5. Bitten Sie Ihre Eltern, ab und zu Ihren Kindern Briefchen oder Postkarten zu schicken (wenn sie das nicht von selbst tun).

Eines meiner Lieblingsgedichte wurde von einer Neunjährigen geschrieben. Sie schaffte es, das wunderbare Geschenk einzufangen, das viele Großeltern ihren Enkeln geben können. Hier ein kurzer Auszug:

> Omas reden nicht in Babysprache mit uns,
> wie andere Besucher,
> weil sie wissen, dass wir das nur schwer verstehen.
> Wenn sie uns etwas vorlesen, überblättern sie keine Seiten
> oder beschweren sich, wenn es immer wieder dieselbe
> Geschichte ist.
> Jeder sollte versuchen, eine zu haben,
> besonders, wenn du keinen Fernseher hast,
> … weil Omas die einzigen Erwachsenen sind,
> die Zeit haben.

Treffen Sie die Eltern!

Nun aber, nachdem wir mit der Betrachtung rotwangiger Großeltern zu Ende sind, und es wagen wollen, in die gefährlichen Gewässer der sonstigen Verwandtschaft zu steigen, treten Charaktere auf, die von Komikern geschmäht und von Pantomimen parodiert werden, Figuren, die über die Fähigkeit verfügen, erwachsene Männer und Frauen zum Heulen zu bringen: Schwiegermütter und Schwiegerväter.

Nicht wenige Probleme mit den Schwiegereltern sind in Wirklichkeit Probleme in der Partnerschaft.

Natürlich haben viele Paare hervorragende Beziehungen zu ihren Schwiegereltern. Aber man kann unschwer erkennen, warum das damit verbundene Kräftespiel manchmal ein wenig herausfordernd sein kann. Für Eltern geht es dabei um das Schwierigste, was sie als Eltern leisten müssen – sie müssen ihren Sohn oder ihre Tochter loslassen. Und für das Kind bedeutet es die schwierige Aufgabe, *wirklich wegzugehen*. Erlauben Sie mir also, bevor wir weitermachen, einen kurzen Kommentar zur Verteidigung der Schwiegereltern: Oft liegen die „Probleme mit Schwiegereltern" gar nicht bei diesen. Es sind „Probleme unserer Ehe".

Ich weiß das, weil ich am Anfang meiner eigenen Ehe ein paar schlimme Fehler gemacht habe. Jahrelang bezeichneten Dianne und ich manche Fragen als „Probleme mit den Schwiegereltern", obwohl es in Wahrheit „Probleme innerhalb unserer Beziehung" waren – insbesondere Probleme mit *mir*.

Lassen Sie mich das erklären. Ich hatte ein enges Verhältnis zu meiner Mutter. Sie hat nie einen akademischen Grad erworben, aber sie ist eine der weisesten Frauen, die ich kenne. Und, Junge, Junge, sie konnte lieben! Sie liebte uns Kinder leidenschaftlich. Und sosehr ich es auch hasse, das zu sagen, sie hatte eine besondere Schwäche für mich, den Jüngsten. Wenn Sie es nicht glauben, fragen Sie meine älteren Schwestern. Meine Mutter ist schon seit beinahe zehn Jahren tot, aber die beiden wagen es bis heute nicht, mich in einem Brettspiel zu schlagen, weil sie fürchten, dass Mama noch immer zusieht.

Ich habe meine Mutter geliebt. Aber ich habe törichterweise falsch eingeschätzt, was diese Liebe von mir forderte. Ich wusste, dass meine Mutter mich vermisste, nachdem ich geheiratet hatte, deshalb bemühte ich mich sehr, diesen Schock etwas abzumildern. Ich versuchte fast täglich, kurz bei ihr hereinzuschauen, ohne es Dianne zu erzählen. Ich erzählte ihr manchmal Dinge, die ich Dianne nicht erzählt hatte. Und ja, manchmal war meine Mutter auch nicht ganz so weise, indem sie durchblicken ließ, dass sie meinte, Diannes Fürsorge für „ihren Jungen" würde nicht ganz ihrem eigenen Maßstab gerecht. Aber ohne Zweifel lag das eigentliche Problem nicht aufseiten meiner Mutter, sondern auf *meiner*. In den ersten Jahren meiner Ehe war es so, als sei ich mit zwei Frauen „verheiratet".

Ich hätte den Rat aus „dem guten Buch", wie meine Mutter die Bibel nannte, annehmen sollen. Darin heißt es, dass ein Mann Vater und Mutter verlassen wird und mit seiner Frau verbunden sein wird. Solange man nicht „verlässt", und zwar nicht nur äußerlich, sondern auch *emotional,* wird man nicht wirklich „verbunden" sein. Als ich diese Lektion lernte und anfing, Dianne an die *erste* Stelle in meinem Leben zu stellen, gelang es mir auch besser, mich um meine Mutter zu kümmern.

Nach dieser kurzen Verteidigung der Schwiegereltern wollen wir einen Augenblick die Herausforderungen betrachten, vor die sie uns stellen. Ich erinnere mich an eine Frau, die mir erzählte, dass sie zu Beginn ihrer Ehe darum kämpfte, eine gute Beziehung zu ihrer Schwiegermutter aufzubauen. Eines Tages hatte sie die Idee, ihre Schwiegermutter um Rat zu fragen, weil sie dachte, das könne die Beziehung zwischen ihnen stärken. Sie sagte: „Carola, hast du irgendwelche Tipps, wie ich verhindern kann, dass die Milch überkocht?" Ihre Schwiegermutter, wie aus der Pistole geschossen: „Bei mir ist Milch niemals übergekocht."

Es muss schwer sein, wenn man perfekte Schwiegereltern hat. Doch auch viele Paare, die nicht dieses Problem haben, erzählen mir von Schwiegereltern, die ihre Ehe unter Druck setzen. Eine Frau beschrieb die Wirkung ihres Schwiegervaters auf ihre Ehe so: „Sie erstickt unter ihm." Die Wortwahl war nicht schlecht. Die Beweggründe von Schwiegereltern mögen oft gut sein – die Auswirkungen ihrer Bemühungen machen aber in einer Ehe oft das Atmen schwer.

Dieses „Ersticken" kann unterschiedliche Formen annehmen: fortgesetztes Erteilen von Ratschlägen, zum Beispiel über Erziehung, Gartenarbeit, Kochen oder Einrichtungsfragen, oder durch ständiges und unangemeldetes

DEN SCHATZ DER VERWANDTSCHAFT ENTDECKEN

„Vorbeischauen", „nur auf eine Tasse Kaffee". Manche Schwiegereltern können sich nicht bremsen, vor ihren Kindern darüber zu reden, wie untauglich die Partner sind: dass man dafür sorgen solle, dass die Ehefrau „in Form" kommt oder der Ehemann „etwas unternehmen solle, wegen seiner lausigen Stelle". Auch wenn diese Eltern ihre Einmischung vor sich selbst damit rechtfertigen, dass alles zum Guten ihrer Kinder sei – sie treiben dennoch manchmal einen Keil in die Ehe ihrer Kinder. Das ist besonders leicht der Fall, wenn die Kinder ihren Eltern unbedingt alles recht machen wollen.

All das wäre gar kein Thema, wenn uns unsere erwachsenen Kinder im Wesentlichen egal wären. Aber die meisten Schwiegereltern wollen für ihre Kinder, Schwiegersöhne oder -töchter das Allerbeste. Zum Problem wird das, wenn wir einfach nicht aufhören können, uns einzumischen.

Natürlich sind Probleme mit Schwiegereltern, wie ich es anhand unserer eigenen Situation erwähnt habe, nicht einfach nur die Fehler der Schwiegereltern. Manchmal versucht jemand nach der Heirat auch, einfach so weiterzuleben, als habe sich nichts geändert. Wir wenden uns für emotionale Unterstützung vielleicht zu schnell an unsere Eltern, statt sie ausdauernder bei unserem Partner zu suchen. Wir können das Vertrauen in unserer Ehe schädigen, wenn wir unseren Eltern jeden Streit und jede Enttäuschung über den Partner offenbaren oder jedes Mal zu ihnen laufen, sobald man sich verkracht hat.

Wenn ein Partner in einer Ehe so handelt, fühlt sich der andere noch stärker isoliert. So, als sei er ein „Ersatzteil", oder als sei er nicht nur mit dem Ehepartner verheiratet, sondern auch mit den Schwiegereltern. Ich habe große Achtung für jene Mutter, deren Sohn sechs Monate nach seiner Hochzeit bei ihr auf der Schwelle stand. „Wir haben uns gestritten", sagte er. „Ich werde heute Abend hier schlafen." Sie antwortete: „Nein, das wirst du nicht. Du gehst schnurstracks heim und schläfst auf dem Sofa, bis ihr das geklärt habt. Du bist jetzt verheiratet."

Nach meiner Erfahrung gehören die Probleme mit Schwiegereltern weitgehend in zwei Kategorien. Zur ersten gehören die Fälle, in denen sich Schwiegereltern einmischen, stören und manchmal regelrecht unsensibel vorgehen, obwohl sie im Grunde nur das Beste für ihre Kinder und Schwiegerkinder wollen. Sie wollen, dass die Ehe funktioniert. In solchen Fällen ermutige ich die Paare, so vergebungsbereit und großzügig zu sein, wie sie das gegenüber ihren Schwiegereltern können. Lächeln Sie, wenn Sie schreien möchten, und wenn die lieben Verwandten dann heimgehen, lachen sie gemeinsam darüber. Es kann sein, dass Sie bei ernsteren Themen mit ihnen reden müssen, aber Sie sollten, bevor Sie andere einbeziehen, das zunächst untereinander besprechen. Solange Sie sich einig und in erster Linie einander (nicht jemand anderem) verpflichtet sind, werden Sie überraschend viel gemeinsam durchstehen!

Sehen wir der Sache ins Auge – es kann sein, dass Schwiegereltern ausgesprochen schwierig sind. Aber es kann auch sein, dass wir sie manchmal missverstehen. So erging es Stephanie.[11] Sie sagte: „Meiner Schwiegermutter kann ich nichts recht machen. Sie akzeptiert weder wie ich bin, noch wie ich irgendetwas tue. Als Joe und ich sie neulich besuchten, wusch ich nach dem Abendessen Töpfe und Pfannen ab. Ich verließ die Küche, als ich aber ein paar Minuten später wieder hineinkam, stand sie da und wusch alles noch mal ab!"

Stephanie erzählte schließlich Joes Schwester, wie sie sich fühlte. Sie sagte: „Ich weiß, dass deine Mutter mich hasst und dass sie denkt, ich sei haushaltstechnisch eine Niete."

Connie war erschrocken. „Stephanie, das hat mit dir nichts zu tun. Das hängt mit Mamas Zwangsneurose zusammen, dass alles makellos sauber sein muss. Ich bin damit aufgewachsen. Sie war schon so, als du und Joe euch noch gar nicht kanntet. Wenn sie Sachen noch einmal wäscht, dann geht das nicht gegen dich. Sie hat da einfach andere – und die meisten würden sagen verrückte – Maßstäbe, was Sauberkeit angeht. Mach dir nichts draus. Da gibt es wichtigere Schlachten, in denen es sich zu sterben lohnt."

Dieses kurze Gespräch hatte eine erstaunliche Wirkung auf die Art und Weise, wie Stephanie ihre Schwiegermutter sah. Sie standen sich keinesfalls nahe, aber mit zunehmendem Verständnis begann sich die Beziehung zu bessern.

Wie ich aber schon gesagt habe, gibt es zwei Hauptkategorien von Problemen mit Schwiegereltern. Wenn es bei der ersten daran liegt, dass Eltern es zwar ungeschickt anstellen, aber doch möchten, dass die Ehe ihrer Kinder gelingt, so geht es bei der zweiten um jene Eltern, die die Ehe ihrer Kinder tatsächlich zerstören wollen. Das ist ziemlich selten, aber nicht völlig ausgeschlossen. Wahrscheinlich waren sie von Anfang an nicht mit der Ehe einverstanden.

In dieser Situation muss jemand mit den Eltern reden. Und wahrscheinlich ist das nicht der Schwiegersohn oder die Schwiegertochter, sondern das eigene Kind. Und es ist absolut notwendig, dass man als Paar hierbei einer Meinung ist. Die Ehe ist in Gefahr – und man muss *gemeinsam* um ihr Überleben kämpfen.

Der große Trick der Zeit

Im Leben jeder Familie gibt es Veränderungen. Es passiert, dass die schwierigen Schwiegereltern oder der Großvater, der den Kindern gerne Geschichten erzählt und sie zum Lachen bringt, wenn er seine dritten Zähne herausnimmt, zu den Eltern werden, für die man sorgen muss.

Meine Schwiegermutter Anne leidet an Alzheimer. Wenn ich sie zusammen mit Dianne besuche, beobachte ich, wie sie miteinander umgehen. Sobald Dianne den Raum betritt, hellt sich das Gesicht der alten Dame auf. Dianne sagte dann früher oft: „Kennst du meinen Namen?" Aber aufgrund vieler Enttäuschungen macht sie das nicht mehr. Stattdessen sagt sie: „Du siehst heute hübsch aus." Oder: „Oh, du trägst heute deine neue Strickjacke."

Es gibt ein paar Minuten, in denen Anne einfach redet. Es gibt durchaus klare Momente, aber die meiste Zeit ist es ein Durcheinander von freundlichem Unsinn, bis Dianne sie unterbricht und sagt: „Was wollen wir heute machen?" Anne wird ihr Zimmer nie wieder verlassen, aber

DEN SCHATZ DER VERWANDTSCHAFT ENTDECKEN   123

für ihren verwirrten Verstand gibt es noch das Abenteuer, dass fast alles möglich ist, und schon beginnen Mutter und Tochter, einen Einkaufsbummel zu planen.

„Sollen wir den Bus nehmen oder das Auto?", fragt Dianne.

„Oh!", kreischt Anne. „Den Bus!"

„Und was müssen wir besorgen?" Dianne greift nach Stift und Papier. Ich lächle, während ich die alte Dame beobachte, die einst ein großes Büro geleitet hat, wie sie so schnell diktiert, dass Dianne (nun ihre Sekretärin!) kaum mitschreiben kann. Aber nie ergeht die Aufforderung, das alles umzusetzen – kein Bus muss erwischt werden, damit man durch die Regalwelt des Ladens schlendern kann. Es ist so, als ob sie in ihrem Innersten *Bescheid weiß*. Sie weiß es, so als würde sie mit der Frau, die neben ihr sitzt, nur Einkaufen spielen – genau wie damals, als diese Frau ein Kind war, spielen sie nun das alte Spiel.

Die weitere Familie kann besonders in Zeiten großer Anspannung eine Quelle der Unterstützung werden.

„Jetzt ist es aber Zeit für das Essen." Ich beobachte, wie Dianne den Suppenlöffel zu Annes Lippen führt und ein kleines Tröpfchen von der neuen Strickjacke wischt. Schließlich kommt die Zeit zu gehen, und Dianne schlägt die Bettdecke rund um ihre Mutter herum ein und flüstert: „Wollen wir noch zusammen beten?"

Und plötzlich merke ich, was passiert ist. Die Zeit hat ihren großen Trick angewandt: Die Mutter ist die Tochter geworden und die Tochter die Mutter.

Diese Erfahrungen sind vielen von uns vertraut und

das kann eine ausgesprochen schwierige Zeit sein. Paare in dieser Situation werden manchmal als „Sandwich-generation" bezeichnet: Sie sorgen für ihre Kinder, vielleicht sogar ihre Enkel und gleichzeitig sorgen sie für ihre alten Eltern.

Das kann eine Zeit sein, in der man ständig unter Druck steht: zu entscheiden, was das Beste für die alten Eltern ist, und mit der allgegenwärtigen Angst umzugehen, man würde eine falsche Entscheidung treffen. Jemand hat es einmal so ausgedrückt:

> Die Leute haben keine Ahnung von den Schuldgefühlen, die damit zusammenhängen, dass man versucht, das Beste für jemanden zu tun, den man von ganzem Herzen liebt. Meine Mutter ist schwer krank – sie braucht professionelle Hilfe – jemanden, der rund um die Uhr da ist. Ich weiß, dass ich ihr das nicht bieten kann, aber jedes Mal, wenn ich das Pflegeheim betrete, nimmt mir das trotzdem beinahe den Atem.

In solchen Zeiten ist es besonders wichtig, dass die ganze Familie füreinander da ist; dass man vergangene Plänkeleien ablegt, beieinander Rat sucht, miteinander herauszufinden versucht, was das Beste ist, und einander bei den nötigen Entscheidungen unterstützt.

Vielleicht fasst die Formulierung „einander unterstützen" zusammen, worum es beim Familienleben geht. Brüder, Schwestern, Onkel, Tanten, Neffen, Nichten, Großeltern und Schwiegereltern – wir hätten sie vielleicht nicht ausgesucht, wenn wir dazu die Chance gehabt hätten. Aber sie sind die einzige Familie, die wir haben.

Es ist nicht immer leicht, aber bemühen Sie sich ernsthaft, mit dieser weiteren Familie in Kontakt zu bleiben. Denken Sie daran: Ein „Meine Güte, bist du groß geworden!" und ein staubiger Kuss eines alten Tantchens hat noch keinem Kind irgendwie geschadet.

Praktische Schritte

➠ Lassen Sie Ihre Kinder mit ihren Großeltern telefonieren. Selbst wenn Ihr Kind noch nicht selbst sprechen kann – lassen Sie es die Stimme von Oma und Opa aus dem Telefon hören.

➠ Ermutigen Sie Ihre Eltern, Geschichten aus „der alten Zeit" zu erzählen. Uns mögen sie langweilen – für unsere Kinder können sie oft geradezu magisch wirken.

➠ Bauen Sie eine möglichst starke Beziehung zu Ihren Schwiegereltern auf, aber erinnern Sie sich daran, dass Respekt nicht bedeutet, dass Sie all ihren elterlichen Anfragen auch entsprechen müssen.

➠ Schonen Sie Ihren Ehepartner im Blick auf die Kritik an den Schwiegereltern. Ihr Partner weiß mehr negative Dinge über die eigenen Eltern als Sie, aber er ist vielleicht nicht so begeistert, wenn Sie den Finger darauf legen.

➠ Schützen Sie Ihre eigene Ehe – und begegnen Sie Ihren Verwandten als Team.

➠ Verfolgen Sie Ihre Familiengeschichte. Vielleicht erstellen Sie einen Stammbaum und zeigen Ihren Kindern ihren Platz in der Familiengeschichte.

➠ Bitten Sie Ihre Eltern, ihre Enkel auf eine Reise durch ihr Leben mitzunehmen, bei der sie ihnen die Häuser zeigen, in denen sie gelebt haben, die Schule, auf die sie gingen und Orte, die eine Bedeutung für sie haben.

➠ Versuchen Sie, abgebrochene Verbindungen im weiteren Familienkreis wiederherzustellen. Sie müssen nicht versuchen, die Welt zu verändern. Es geht nur um eine Karte oder einen Anruf.

➠ Weitere Hinweise für pflegende Angehörige finden Sie auf folgenden Internetseiten:
- www.pflegebegleiter.de
- www.pflegendeangehoerige.foren-city.de
- www.elternpflege-forum.de
- und in englischer Sprache auch bei:
  www.careforthefamily.org.uk/supportnet
- http://www.caritas.at/fileadmin/user/oesterreich/
  publikationen/ueber_uns/Standpunkte/
  positionspapier_pflege.pdf

Lebensweisheit zehn

Den Augenblick nutzen

Unsere gemeinsame Zeit ist fast vorbei. Seit wir die frischgebackenen Eltern auf dem Klinikparkplatz trafen, haben wir über vieles gesprochen: Wie wir Zeit für unsere Familie schaffen und sie fest einplanen; wir entdeckten die Kraft der Ermutigung und die Kunst der Liebe im Januar; warum Annahme so wichtig ist, wenn wir glauben sollen, dass wir geliebt sind, und manches andere. Mir ist aber sehr wohl bewusst, dass es einige Leser geben wird, die

> *„Das geht nicht nur Ihnen so – geben Sie nicht auf."*

es gerade jetzt mit ihrer Familie sehr schwer haben – so schwer, dass sie am liebsten aufgeben würden.

Ich arbeite bei *Care for the Family*, einer britischen Wohlfahrtseinrichtung. Wir bieten Familien Unterstützung in allen möglichen Situationen, auch Patchworkfamilien und Alleinerziehenden, außerdem Beratung für Eltern von Kindern mit besonderen Bedürfnissen. Wir versuchen, Menschen zu helfen, die früh einen Ehepartner verloren haben, und solchen, die ganz gewöhnliche Fragen um Ehe und Erziehung haben, die beinahe jeden betreffen. Die Erfahrungen in dieser Arbeit haben mich von zwei Dingen überzeugt.

Erstens: Es gibt keine einfachen Antworten auf die Verletzungen im Leben einer Familie.

Und zweitens: Das vorrangige Bedürfnis, das die meisten Menschen haben, ist nicht, „Antworten zu bekommen", sondern die Erfahrung, dass man nicht allein ist. In den schwierigen Zeiten hält uns die Hoffnung aufrecht: Weil andere ähnlich schwierige Situationen durchgestanden haben, werden wir es auch können.

Die meisten Menschen wollen nicht in erster Linie „Antworten bekommen". Sie wollen erfahren, dass sie mit ihrer Situation nicht allein sind.

Wir unterstützen auch Eltern, die die schwere Erfahrung machen mussten, ein Kind zu verlieren – sei es durch einen Unfall, durch Krankheit oder auch manchmal durch ein Verbrechen. Das ist für Familien auf so vielen Ebenen ein verheerendes Ereignis. Zur Trauer über den Verlust eines Kindes, mit dem man umgehen muss, und in einer Zeit, in der man sich am meisten gegenseitig braucht, kommt hinzu, dass eine solche Erfahrung die Paarbeziehung aufs Äußerste belasten kann. Jeder Begleiter, der solchen Eltern Hilfe anbietet, hat selbst ein Kind verloren. Neulich hörte ich in einem Gespräch mit einem betroffenen Vater – Peter – ein wunderbares Beispiel, wie die Entdeckung, dass man nicht allein ist, ein Leben verändern kann. Er war auf einem Seminar für trauernde Eltern gewesen und ich fragte ihn, wie es gewesen sei. Er sagte Folgendes:

Als die Teilnehmer am Freitagabend ankamen, konnte ich sehen, dass einige von ihnen, besonders die Männer, eigentlich lieber nicht hier sein wollten. Sie saßen mit verschränkten Armen da, als wollten sie sagen: „Wir hätten nicht kommen sollen. Das wird eine Zeitverschwendung. Ihr könnt uns unser Kind auch nicht zurückgeben."

Und dann erzählte ich davon, wie unser Sohn mit 21 gestorben war. Wie meine Frau, obwohl wir uns liebten, mich nicht erreichen konnte. Ich lief damals nur herum und weinte. Ich wollte mich nicht umbringen, aber ich wollte auch nicht mehr leben. Manchmal sagten die Leute: „Peter, die Zeit heilt die Wunden." Aber das tat sie nicht. Der Schmerz ließ zwar nach, aber es heilte nichts – und das sollte es auch nicht. Und ich erzählte davon, wie jemand zu mir gesagt hatte: „Aber Peter, du hast drei andere großartige Kinder." Und wie ich antwortete: „Ich weiß. Ich will aber ihn."

Er erzählte weiter: „Dass wir unsere Geschichte erzählten und ganz ehrlich waren, hatte eine unglaubliche Wirkung. Am Sonntagnachmittag war es so, als ob diese trauernden Eltern sich öffneten wie Blütenknospen. Ein Mann kam ganz verstohlen zu mir und flüsterte: ‚Danke.' Und es war nicht so, dass wir ihnen Antworten gegeben hätten; es gibt keine einfachen Antworten. Wir haben ihnen einfach das Bewusstsein gegeben, dass andere diesen Weg gegangen sind und noch gehen – und das schaffen."

Es ist wirklich schwer, mit Schwierigkeiten in der Familie umzugehen, wenn andere, die Ähnliches durchgemacht haben, uns nicht die Hoffnung geben, dass wir es schaffen können. Das gilt nicht nur für Eltern, sondern auch für Paare. Ich habe immer wieder mit Paaren gesprochen, bei denen einer meinte, es gäbe keinen anderen Ausweg mehr, als die Beziehung zu verlassen. Aber bevor das tatsächlich geschah, bekamen sie die Gelegenheit, mit jemandem über die Situation zu reden – vielleicht einem Berater oder einem anderen Paar, das selbst eine ähnliche

Zeit durchgestanden hat. Sie entschieden sich, noch einen Versuch zu starten, um ihre Beziehung zu retten, und oft sagten sie Jahre später: „Wir sind so froh, dass wir es versucht haben. Es erschien uns wirklich richtig, uns zu trennen, aber nun haben wir eine Beziehung, die wir uns vor fünf Jahren nicht hätten vorstellen können. Und wir sind als Familie noch immer zusammen."

Mit Freunden, Kollegen oder Beratern zu reden, kann eine so große Hilfe sein, wenn die eigene Familie gerade in rauem Wasser umhertreibt. Und je früher wir aufhören, etwas vorzuspielen oder uns dem Druck zu beugen, eine „perfekte Familie" zu sein, desto früher merken wir wohl, wie wir einander wirkungsvoller unterstützen können. Die Wahrheit ist: Wir versuchen alle, so gut wie möglich durchzukommen.

Mir schrieb einmal eine Mutter: „Wenn ich jemals meine Familie verlasse, dann bestimmt um Viertel nach fünf." Mütter überall auf der Welt verstehen, was sie damit meinte. Das ist die Zeit des Tages, wenn du in der Küche stehst und vom Chaos umgeben bist: Die beiden Jüngsten streiten darüber, was im Fernsehen geschaut werden soll; die Fischstäbchen sind angebrannt; der Hamster ist gerade im kleinen Loch hinter dem Spülbecken verschwunden; der Chef hat angerufen und gefragt, ob man denn vorhabe, den Bericht heute noch zu schicken; dein Vierzehnjähriger hat gerade verkündet, dass er Mathe aufgibt, „weil das alles Müll ist" und du hast entdeckt, dass die Pommes aus dem Gefrierschrank nicht mehr gefroren sind, so wie auch alles andere nicht, weil jemand letzte Nacht wohl die Tür nicht richtig zugemacht hat.

DEN AUGENBLICK NUTZEN

Aber tatsächlich gehen die meisten Mütter dann nicht weg, weil sie schon vorher Hunderte „Viertel-nach-fünf"-Zeiten durchgestanden und gelernt haben: auch diese Zeiten gehen vorüber. Neulich erhielt ich eine anonyme Notiz von der Mutter eines Teenagers. Sie sagte: „Ich mag keine Mutter mehr sein. Das ist sehr hart und ich habe nicht mehr die Kraft dazu." Das bewegte mich, als ich es las, weil sie vermutlich glaubt, sie sei die einzige Mutter auf der Welt, die sich so fühlt, und sich deshalb als Versagerin vorkommt.

> *Die meisten Eltern machen ihre Sache besser, als sie selbst glauben.*

Die Realität sieht so aus: Schon viele Eltern hatten und haben ähnliche Gefühle. Besonders Eltern von Teenagern neigen dazu, sich zu fragen: „Was haben wir falsch gemacht?" Oder zu sagen: „Ich bin nicht sicher, ob ich das noch lange aushalte." In Wirklichkeit machen es die meisten von uns als Eltern besser, als sie selbst denken – und die Sache geht normalerweise besser aus, als wir zu hoffen wagen. Knurrende Teenager entdecken früher oder später die Sprache wieder, und die meisten unordentlichen Kinder haben es irgendwann satt, in einem Seuchengebiet zu leben. Und wenn sie dann einen Beruf entdecken, der ihnen wirklich gefällt, erheben sich die meisten doch von ihrem Hintern und geben sich voll rein. Ich wünschte, ich könnte die Mutter finden, die die anonyme Notiz geschrieben hat und ich könnte ihr sagen: „Das geht nicht nur Ihnen so. Geben Sie nicht auf – nicht einmal innerlich."

„Ich bin glücklich, wenn ...“

Weil das Familienleben oft mit Stressquellen gefüllt ist – wichtigen und weniger wichtigen – ist es so leicht, in die Falle zu gehen und die gerade aktuelle Phase im Familienleben wegzuwünschen. Wir sagen: „Das Leben wird einfacher, wenn das Baby endlich durchschläft/der Kleine in den Kindergarten kommt" oder vielleicht, wenn wir naiv sind: „Wenn die Kinder Teenager werden, dann brauchen sie weniger Aufmerksamkeit." Ein befreundeter Psychologe sagte mir einmal: „Die meisten Leute glauben, dass ein zukünftiges Ereignis sie glücklich machen wird. Sie sagen: ‚Wenn ich verheiratet bin, werde ich glücklich sein.‘ Oder: ‚Wenn wir Kinder haben ...‘ Oder: ‚Wenn ich eine neue Arbeit finde ...‘ Oder selbst so etwas Unbedeutendes wie: ‚Wenn erst mal Wochenende ist, dann werde ich glücklich sein.‘“ Und dann sagte er: „Aber wirklich glückliche Leute denken nicht so über ihr Leben – selbst wenn das Leben weit davon entfernt ist, vollkommen zu sein. Sie haben gelernt, die guten Teile dankbar anzunehmen. Sie finden das Glück – ob es klein oder groß ist – *jetzt*."

Das Unternehmen Erziehung geht normalerweise besser aus, als wir befürchten.

Ich denke, das gelingt uns leichter, wenn wir erkennen, wie schnell die Stationen im Familienleben wechseln und vergehen. Ich erinnere mich: Als meine Kinder klein waren, dachte ich, die Jahre, die vor uns lagen, seien wie die großen Sommerferien: praktisch unendlich. Dann aber schlug jemand vor, dass eine Eieruhr nicht Sand, sondern

Tage enthalten würde. Das ist ernüchternd. Wenn dein Kind auf die Welt kommt, sind 6570 Körnchen im oberen Glas – die Zahl der Tage bis zum achtzehnten Geburtstag. Wenn dein Kind zehn ist, sind bereits 3650 Tage vergangen und es bleiben noch 2920 übrig. Weder Geld, Kraft noch Ansehen erhöhen diese Zahl auch nur um einen einzigen Tag.

Ich kenne keinen besseren Weg, Sie von der Geschwindigkeit zu überzeugen, mit der das Familienleben vergeht, als Ihnen eine Geschichte zu erzählen, die mir vor ein paar Jahren begegnete. Darin geht es um einen Mann, der in der Mitte seines Lebens eines Tages ein bisschen rechnet. Er wusste, dass die durchschnittliche Lebenserwartung für ihn bei 75 Jahren lag. Er multiplizierte das mit 52, was ihm als Ergebnis 2800 brachte – die Zahl der Samstage, die sein Leben enthalten würde. Er war aber bereits 35 und deshalb blieben ihm nur noch 1000 Samstage.

Er ging sofort los und zog durch die Spielzeugläden seiner Stadt, bis er 1000 Murmeln gekauft hatte. Als er heimkam, steckte er sie alle in einen großen Topf. Jede von ihnen stand für einen Samstag, der in seinem Leben noch übrig war und in den kommenden Wochen, Monaten und Jahren nahm er jede Woche eine Murmel heraus.

Eines Tages sprach er mit einem jungen Mann, dem es schwerfiel, in seinem vollen Terminkalender genügend Zeit für seine Frau und seine Kinder zu finden. Er erzählte dem jüngeren Mann von den Murmeln und sagte: „Zu beobachten, wie die Murmeln abnahmen, half mir dabei, mich auf die wirklich wichtigen Dinge im Leben zu konzentrieren." Dann ging er, um den Topf zu holen. Als er wiederkam, sah der junge Mann, dass dieser leer war. Der alte Mann sagte: „Ich bin heute 75 geworden, also habe ich, bevor ich meine Frau heute Morgen zum Frühstück ausgeführt habe, die letzte Murmel herausgenommen. Jeder Samstag von heute an ist ein Bonus."

Wir brauchen unsere Familie. Sie ist der Ort, an dem wir entdecken, wer wir sind – unsere Gaben und Wünsche, unsere Hoffnungen und Ängste. Es ist die kleine Gruppe Menschen, die uns dabei hilft, uns der ganzen Welt zu stellen, zu lernen, was funktioniert und was nicht. Und letztlich, wenn es gut läuft, sind sie diejenigen, die für uns da sind, nicht, weil sie meinen, dass wir etwas Besonderes sind, sondern, weil wir *ein Teil von ihnen* sind. Eine Dreizehnjährige drückte es so aus:

> Eine Familie sollte sich gegenseitig vertrauen und sie sollten einfach nur sie selbst sein, wenn sie zusammen sind. Eine gute Familie ist keine vollkommene Familie, wie sie im Fernsehen gezeigt wird, sondern die Familie, die insgesamt glücklich ist und die einander durch schlechte Zeiten helfen kann.[12]

Aber wie steht es mit dem jungen Paar auf dem Parkplatz? Was hält die Zukunft für sie und das kleine Bündel bereit, das sie nun so behutsam auf den Rücksitz ihres Autos laden? Und was hält sie für uns bereit? Was auch immer es sein mag, eines steht fest: Wir werden uns allem, was kommt, leichter stellen können, wenn wir das als Teil einer starken Familie können. Vielleicht können wir uns alle von Neuem klarmachen, dass Familie wichtig ist. Und auch wenn es Verletzungen gegeben hat, sollten wir zumindest versuchen, unsere Beziehungen zu Familienmitgliedern aufrechtzuerhalten. Machen Sie diesen Anruf bei Ihrer Schwester; schreiben Sie einen Brief an Ihren Bruder; verlieren Sie nicht den Mut mit dem Teenager, der Sie in den Wahnsinn treibt; versuchen Sie, das entfremdete Kind zu erreichen; betrachten Sie Ihren Ehepartner nicht als selbstverständlich – und wenn Sie die Liebe verloren haben, die Sie einst füreinander besaßen, dann versuchen Sie vielleicht noch einmal, diese wiederzuentdecken.

Mit all ihren Freuden, Schmerzen, Ängsten und Hoffnungen ...

... das ist Ihre Familie.

Nachwort

Rob Parsons
Gründer und Vorstandsvorsitzender
von Care for the Family

Ich hoffe, dieses Buch hat Ihnen gefallen und Sie haben ein wenig praktische Hilfe und ein paar Einsichten gewonnen, die Ihr Familienleben stärken und bereichern.

Care for the Family möchte Familien unterstützen. Wir möchten das Familienleben stärken und Menschen helfen, die durch Probleme in der Familie verletzt wurden. Während der vergangenen 21 Jahre haben Hunderttausende unsere Veranstaltungen besucht. Unsere über hundert Mitarbeiter unterstützen Alleinerziehende und Eltern von Kindern mit besonderen Bedürfnissen. Wir bieten auch Eltern, die ein Kind verloren haben, und Menschen in einer Unzahl von anderen Familiensituationen Unterstützung an.

Als ich 1988 diese Organisation mitgründete, tat ich das in dem Glauben, dass es wichtig sei, sich um Familien zu kümmern. Wir bemühen uns sehr, Material auf Weltklasseniveau herzustellen, das Familien hilft. Und wir sind sehr daran interessiert zu erfahren, ob das, was wir bieten, etwas verändert.

Bitte lassen Sie es uns wissen, ob Sie dieses Buch hilfreich fanden. Auf unserer Website www.careforthefamily.org.uk/survey/family (in englischer Sprache) können Sie einen kurzen Fragebogen ausfüllen und uns Ihre Sicht mitteilen. Wir freuen uns, von Ihnen zu hören!

Weitere Informationen, interessante Artikel und Buchempfehlungen finden Sie online unter www.careforthefamily.org.uk.

Mit den besten Wünschen
Rob Parsons

In Deutschland finden Sie weitere Informationen, Veranstaltungen und Beratungsangebote rund um das Thema Familie bei folgenden Organisationen:
- Bündnis Ehe und Familie:
  www.buendniseheundfamilie.de
- Neues Leben für Familien: www.team-f.de
- Family Life Mission: www.flmd.de
- Familiennetzwerkforum: www.familie-ist-zukunft.de
- WorkFamilyInstitut / Das Positive Erziehungsprogramm für Eltern mit Kindern zwischen 2 und 12:
  www.pep4kids.de
- Das Positive Erziehungsprogramm für Eltern mit Kindern zwischen 12 und 17: www.pep4teens.de

Anmerkungen

[1] Lasch, Christopher, *Haven in a Heartless World: The Family Besieged.* New York: W. W. Norton & Co., 1995.

[2] Sacker, A.; Schoon, I. und Bartley, M., „Social inequality in educational achievement and psychosocial adjustment throughout childhood: magnitude and mechanisms" in: *Social Science and Medicine*, Bd. 55, Nr. 3, S. 863-880, 2002.

[3] Covey, Stephen R., *Die 7 Wege zur Effektivität für Familien. Prinzipien für starke Familien.* Offenbach: Gabal, 2007.

[4] Fredrickson, Barbara L. und Losada, Marcia F., „Positive Affect and the Complex Dynamics of Human Flourishing" in: *American Psychologist,* Bd. 60 Nr. 7, S. 678-686, Oktober 2005.

[5] Pople, Larissa, *The Good Childhood Inquiry. Family: A summary of themes emerging from children and young people's evidence.* London: The Children's Society, 2009.

[6] Covey, Stephen R., a.a.O.

[7] Jennings, Marianne, M., „Kitchen Table Vital to Family Life" in: *Deseret News*, 09.02.1997.

[8] Garvey, Anne, „When the Children Leave Home …" in: *Guardian*, 05.03.2003.

[9] Waite, L. u. a., *Does Divorce Make People Happy? Findings from a Study of Unhappy Marriages.* IAV, 2002.

[10] www.netmums.com/compaigns/A_Mum_s_Life.656.

[11] Arp, David und Claudia; Bell, John und Margaret, *Loving Your Relatives.* Carol Stream: Tyndale, 2003.

[12] Pople, Larissa, a.a.O.

Joachim E. Lask

PEP4Kids

Das Positive Erziehungs Programm
für Eltern mit Kindern zwischen
2 und 12

128 Seiten, Paperback
ISBN 978-3-7655-6453-6

➡ PEP macht Eltern Mut, sich den Herausforderungen der Erziehungsaufgabe zu stellen.
➡ PEP gibt der Beziehung zwischen Eltern und Kindern Vorrang
➡ PEP fasst anerkannte pädagogische und psychologische Einsichten zusammen und bringt sie für den Erziehungsalltag auf den Punkt.
➡ PEP zeigt Eltern Wege aus ihrer oftmals empfundenen Hilflosigkeit.
➡ PEP bietet Übungen um, die Initiative im Familienalltag zurückzugewinnen.
➡ PEP spricht besonders Fragen nach Sinn Werten an.
➡ PEP macht Erziehende und Kinder bzw Jugendliche zu Partnern, die gemeinsam Ziele formulieren und konkret angehen.

BRUNNEN VERLAG GIESSEN
www.brunnen-verlag.de

Wilfried Veeser

PEP4Teens

Das Positive Erziehungs Programm
für Eltern mit Kindern zwischen
12 und 17

176 Seiten, Paperback
ISBN 978-3-7655-6454-3

Das PEP-Programm konzentriert sich auf wenige, leicht umzusetzende Elemente:
- Bejahen Sie Ihre Zuständigkeit als Eltern/Erziehende.
- Fördern Sie positive Beziehungen in der Familie.
- Fördern Sie Verbindlichkeit und Konsequenz.
- Vermitteln Sie Werte durch Ihr Beispiel.
- Sorgen Sie als Eltern gut für sich selbst.
- Sorgen Sie für eine sichere Bewältigung des Alltags.
- Bleiben Sie in Ihren Erwartungen realistisch.

Mit PEP lernen Eltern, die Entwicklung ihrer Kinder ihrem Alter gemäß zu fördern und viel Stress aus den alltäglichen Spannungssituationen herauszunehmen. Durch eine veränderte Grundhaltung wird der Aufbau einer guten Beziehung möglich und Erziehung kann gelingen.

BRUNNEN VERLAG GIESSEN
www.brunnen-verlag.de